いのち輝かせて

「世の光」「ライフ・ライン」
バイブルメッセージ集

村上宣道　堀　肇
板倉邦雄　原田憲夫
関根弘興　福井　誠
岩井基雄　羽鳥頼和
大嶋重徳　山本陽一郎

企画・構成
太平洋放送協会（PBA）

いのちのことば社

まえがき

このたびもバイブルメッセージ集をお届けできることを嬉しく思います。今回初めて手にされる皆さまには、心からの歓迎のご挨拶を申し上げます。宝石箱のような本です。ぜひ一つひとつのメッセージを味わってください。

新約聖書に繰り返し出てくることばがあります。「互いに愛し合いましょう」ということばです。残念ながら私たちが生きる世界は真逆の、愛を引き裂くような出来事で溢れています。でも失望することはありません。愛の神さまがいまもなお働いていてくださるからです。

バイブルメッセージ集は執筆してくださる先生がたの証言集です。単なる聖書の解説書ではありません。先生がたが聖書のみことばを心に留めて生きていく中で、「なるほど。確かにそうだ！」と思われた事柄をわかりやすく書いてくださっています。つまり実証済み、体験済みの確かな証言なのです。

それでお願いがあります。今度は皆さまがたに、聖書のみことばを心に留めて生きていただきたいのです。「愛する者たち。私たちは互いに愛し合いましょう。愛は神から出ているのです」

一般財団法人 太平洋放送協会 理事長　矢木良雄

愛する者たち。
私たちは互いに愛し合いましょう。
愛は神から出ているのです。
――ヨハネの手紙 第一 4章7節

羽鳥頼和メッセージ

人の絆、家族をも分断してしまうこの時代にあって、キリストこそ断絶の壁を取り払い、私たちに幸せな絆をつくってくださるお方です。

■遠くまで届いた神のことば(1)――使徒の働き 21章1～16節

ラジオ番組「世の光」は一九五二年から始まり、今年は七十一年目となります。私が生まれる前から放送され、このコロナ禍でも放送されています。

さてAM放送のラジオ局では、現在はほとんどがFM放送でも番組を放送するようになりました。FM放送は音が良くて、街中《まちなか》でも良く聞こえる特性があります。それに対してAM放送は、遠くまで届く特性があります。

以前こんなことがありました。名古屋で放送されていた番組を仙台で聴いた方がありました。その方は近くの教会に通うようになり、イエス・キリストを信じました。そしてその方のお母様もキリストを信じたのです。私は二〇一一年の震災後にお母様にお会いすることができました。

名古屋から六百八十キロ離れた仙台に電波が届き、神のことばがその方の心に届いたのです。

もともとキリスト教会はエルサレムから始まったのですが、日本にも教会があります。その事実は、神のことばが、中東のエルサレムから、はるか遠く、極東といわれる日本に届いたということです。

今週は、神のことばを遠くまで語り伝えた使徒パウロの伝道旅行について、聖書のお話をしながら、ラジオのこともお話ししたいと思います。

二千年前のパウロは、イスラエルからヨーロッパへ神のことばを届けました。当時は旅行保険もなければ、ガイドや添乗員もいませんでした。しかしパウロの伝道旅行では、これらに代わる方が旅行に同行しておられました。その方は、聖霊なる神です。

聖霊が、旅行するパウロをどこへ行くか導いてくださり、旅のあらゆる危険から守ってくださいました。

この聖霊なる神が、パウロに宣教する力を与えてくださったので、パウロは外国人たちにも、イエス・キリストのことを宣べ伝えることができました。

聖霊は、今も生きて働いておられます。信じる者といつもともにいて、守り、導き、励まし、慰めてくださいます。聖霊は、コロナ禍にある私たちを守り導いてくださるお方です。

■遠くまで届いた神のことば⑵——使徒の働き 21章17～26節

私の友人は、子どものころ田舎に住んでいました。自宅から半径十キロ以内にキリスト教会はありませんでした。そんな彼が、高校生の時にラジオを聴いて、教会へ行くようになりました。彼は、神のことばを聴いて、イエス・キリストを信じました。

教会から遠く離れたところにいる人に神のことばが届いています。それだけではありません。その人の心が教会から遠く離れていても、神のことばはその人に届くのです。

今日は、エルサレムの教会の指導者であったヤコブについてお話しします。

ヤコブは、イエスの弟です。家族は「近くて遠い存在」です。

彼は最初からイエスを、神の御子・救い主キリストであると信じていたわけではありません。イエスが十字架で死ぬ以前には信じていませんでした。

イエスの郷里のナザレの人々は、宣教なさるイエスのことばを聴いて「この人は大工の息子ではないか」と言って、イエスのことばを信じようとしませんでした。イエスの弟たちも同じだったのです（マタイの福音書 13章55、56節参照）。

イエス自身、「預言者が敬われないのは、自分の郷里、家族の間だけです」(同57節)とおっしゃっています。

ヤコブはイエスと、小さいころから家族として過ごしたわけですから、兄であるイエスを自分の神であると信じることはとても難しいことだったと思います。

そんなヤコブも、十字架で死んで復活されたイエスに出会い、イエスを信じることができました。

イエスは、十字架につけられる以前に語っておられたとおり、死んでから三日目によみがえられました。それは、旧約聖書の預言のとおりでもありました。ヤコブは、復活されたイエスに会い、イエスのことばを信じたのです。

イエスの復活は、人を救いに導く驚くべき出来事であり、神のみわざです。

「主イエスを信じなさい。そうすれば、あなたもあなたの家族も救われます」(使徒の働き16章31節)とのみことばを思い出します。神は、イエスの家族を救われました。

ヤコブは、パウロの伝道旅行の報告を聞きました。ヤコブたち教会の人々は、ユダヤ人だけでなく多くの「異邦人」、つまり外国人がイエス・キリストを信じ、各地にキリストの教会が建てられたことを聞いて、神をほめたたえました。

■災難騒動の中でも――使徒の働き21章27～40節

今週は、伝道旅行をした使徒パウロのことをお話ししています。今日は、エルサレムに戻ってきたパウロが、神殿で災難にあったことからお話しします。

使徒パウロが、教会から勧められて神殿に行き、誓願を立てるための身をきよめる儀式を終えたとき、そのパウロを見つけたユダヤ人たちが、大声で訴えながらパウロを神殿の外に引きずり出し、彼を殺そうとしました。

騒ぎを聞きつけたローマの千人隊長は、部隊を率いて駆けつけ、その場を鎮めようとしました。ローマ兵を見た人々は、パウロを殺そうとすることはやめましたが、口々にパウロをののしっていました。

ローマの千人隊長は、この騒ぎの原因がパウロであることがわかり、彼がローマの市民権を持っていることを知ると、パウロが人々に弁明することを許しました。パウロは階段の上に立ち、人々に語り始めました。

実は最初、千人隊長はパウロをローマ軍の兵営に連れて行くつもりでいました。そうすればパウロを守ることができたからです。ところが、パウロは自分からその場に残って人々に語ろうとしたのです。災難騒動になっても、パウロは神のことばを語ることができたのです。

私は、東日本大震災の翌年十二月に災難にあいました。仙台で「世の光」のクリスマス集会があったのですが、飛行機で仙台空港に着き、電車に乗ったとき、なんと余震が起きたのです。電車などの交通機関はすべてストップし、空港に缶詰め状態になってしまい、集会に行くことができませんでした。運転が再開されたときには、集会は終了時間を過ぎていました。

しかし、集会は行われていました。音楽ゲストのご夫妻は、予定よりも多くの讃美をしてくださり、トークもたくさんしてくださり、司会者の牧師先生が、イエス・キリストについてのお話をしてくださったのです。キリストの誕生を記念するクリスマスがもたれました。

私は次の年、再び仙台の集会に呼んでいただき、キリストのことをお話しすることができました。

災難騒動があっても、神のことばは語られています。

■イエスがそばに立っておられる――使徒の働き 23章1～11節

ラジオは、送り手と受け手の関係を、パーソナルな親しい関係にするメディアと言えます。今日もあなたに、神のことばをお届けしたいと思います。

私が奉仕している教会の年度の主題は「主とともに歩む」です。

コロナ禍で、ソーシャルディスタンスをとらなければならない時代です。でも、イエス・キリストは、いつもともにいてくださいます。

教会は、その主としっかりとつながり、主とともに歩んでいけることを願っています。

断絶の時代です。人の絆、家族をも分断してしまうこの時代にあって、キリストこそ断絶の壁を取り払い、私たちに幸せな絆をつくってくださるお方です。そのことを聖書が教えてくれています。

今週は、神のことばを宣べ伝えているパウロのことをお話ししてきました。パウロが律法のことでユダヤ人に訴えられ、最高法院で尋問を受けたときのことです。

パウロは弁明しますが、議員たちは一致団結してパウロを攻撃しました。

そんな時パウロは、議員たちの一部がサドカイ人で、一部がパリサイ人であるのを見てとって、「私はパリサイ人です。……私は死者の復活という望みのことで、さばきを受けているのです」(6節)と叫びました。パリサイ人は、死者の復活を信じていました。しかしもう一方のサドカイ人は、死者の復活を認めていませんでした。

パウロのこの発言によって、議員同士が真っ二つに分かれて、激しい論争が始まりました。

その裁判を監視していたローマの千人隊長は、パウロに危害が及んではいけないと、彼をその場からローマ軍の駐屯地の兵営に入れました。

その夜のこと、なんと、イエス・キリストがパウロのそばに立たれました。

そして「勇気を出しなさい。あなたは、エルサレムでわたしのことを証ししたように、ローマでも証しをしなければならない」(11節)と言われたのです。

主イエス・キリストは、いつもパウロとともにいて、ともに歩んでおられたのです。

今も主は、わたしたちとともに歩んでくださるお方です。

羽鳥頼和（はとり・よりかず）

1961年、東京生まれの名古屋育ち。聖書宣教会聖書神学舎卒業。日本福音キリスト教会連合自由ケ丘キリスト教会牧師。ラジオ番組「世の光」メッセンジャー。東海福音放送協力会理事。1女1男の父。

郵便はがき

恐縮ですが
切手を
おはりください

164-0001

東京都中野区中野 2-1-5
いのちのことば社
出版部行

ホームページアドレス　https://www.wlpm.or.jp/

お名前	フリガナ	性別	年齢	ご職業
ご住所	〒	Tel.　　　(　　　)		

所属(教団)教会名	牧師　伝道師　役員 神学生　CS教師　信徒　求道中 その他 該当の欄を○で囲んで下さい。

WEBで簡単「愛読者フォーム」はこちらから!
https://www.wlpm.or.jp/pub/rd
簡単な入力で書籍へのご感想を投稿いただけます。
新刊・イベント情報を受け取れる、メールマガジンのご登録もしていただけます!

ご記入いただきました情報は、貴重なご意見として、主に今後の出版計画の参考にさせていただきます。その他、「いのちのことば社個人情報保護方針（https://www.wlpm.or.jp/about/privacy_p/)」に基づく範囲内で、各案内の発送などに利用させていただくことがあります。

いのちのことば社＊愛読者カード

本書をお買い上げいただき、ありがとうございました。
今後の出版企画の参考にさせていただきますので、
お手数ですが、ご記入の上、ご投函をお願いいたします。

書名

お買い上げの書店名

町
市 書店

この本を何でお知りになりましたか。

1. 広告　いのちのことば、百万人の福音、クリスチャン新聞、成長、マナ、信徒の友、キリスト新聞、その他（　　）
2. 書店で見て　3. 小社ホームページを見て　4. SNS（　　）
5. 図書目録、パンフレットを見て　6. 人にすすめられて
7. 書評を見て（　　）　8. プレゼントされた
9. その他（　　）

この本についてのご感想。今後の小社出版物についてのご希望。

◆小社ホームページ、各種広告媒体などでご意見を匿名にて掲載させていただく場合がございます。

◆愛読者カードをお送り下さったことは（　ある　初めて　）
ご協力を感謝いたします。

出版情報誌　月刊「いのちのことば」年間購読　1,380円（送料込）

キリスト教会のホットな話題を提供!（特集）
いち早く書籍の情報をお届けします！（新刊案内・書評など）

□見本誌希望　□購読希望

関根弘興メッセージ

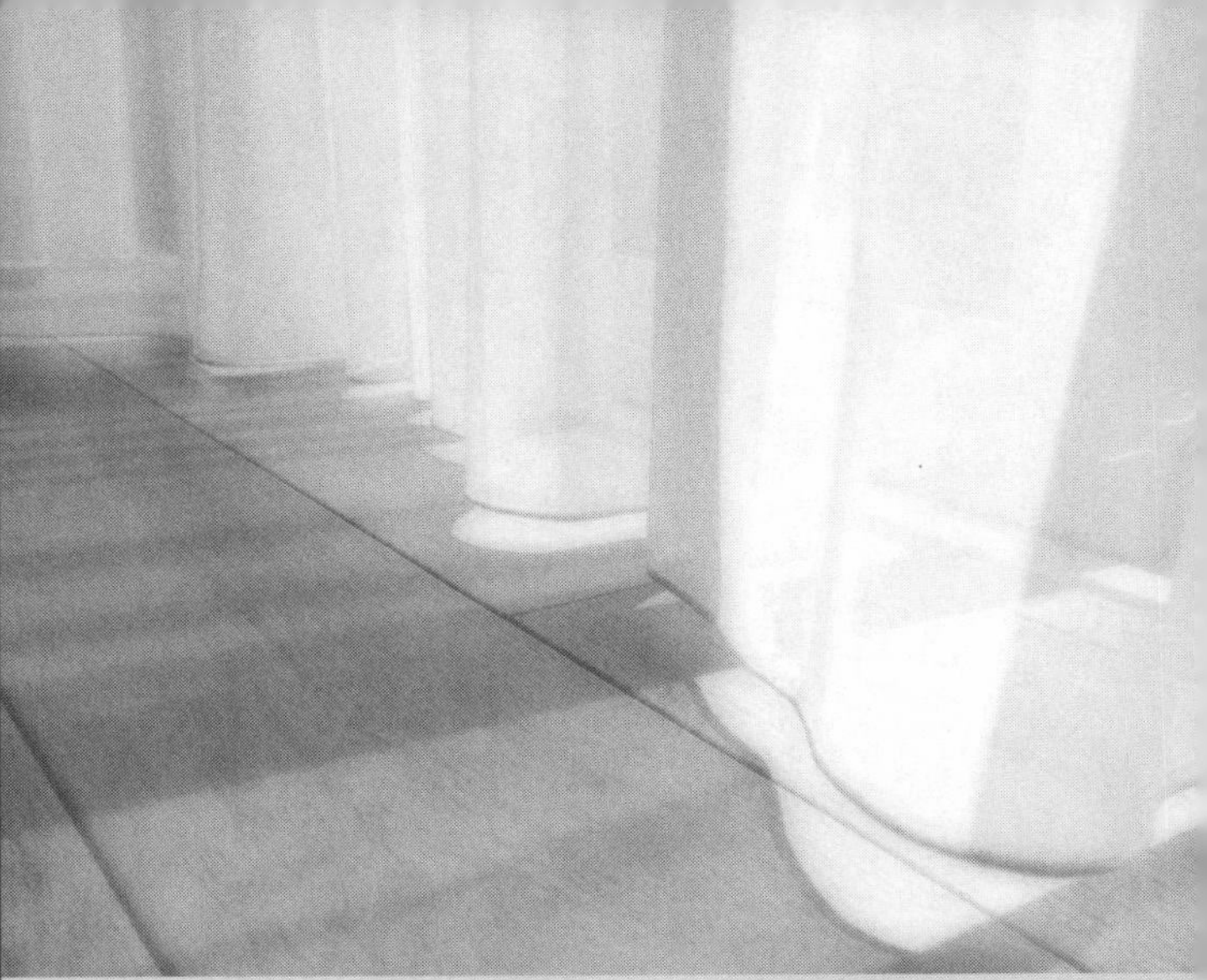

永遠に変わることのない神様がおられ、その神様から遣わされた救い主イエス・キリストが、永遠に変わることのない約束をしておられます。

■いつまでも残るもの――信仰

私は、子供時代によくシャボン玉で遊びました。シャボン玉が太陽の光に当たると、キラキラしてとてもきれいです。でも、シャボン玉はとてももろくて、すぐに消えてしまいますね。私たちは、いつまでも消えることなく失われることのないものを求めています。しかし現実には、年を重ねるうちにいろいろなものを失っていき、ついには、いのちそのものも失ってしまうわけですね。ですから、シャボン玉のはかなさを人生のはかなさに重ね合わせる方も多いでしょう。

しかし、もし、いつまでも失われることのないものがあるとするなら、そして、それを自分のものとして受け取ることができるなら、人生の見方や生き方が大きく変わっていくことでしょう。

新約聖書のコリント人への手紙第一　13章13節にこう書かれています。

「いつまでも残るのは信仰と希望と愛、これら三つです」

まず、「信仰」について考えてみましょう。信仰とは、理性を捨てて思い込むことだと考えている人がいますが、そうではありません。聖書の教える信仰とは、信頼と同じ意味です。人は皆、何かを信じて生きています。「何も信じないほうがいい」と信じて暮らしている人もいます。私たちの生活は信頼なしには成り立ちません。出された食べ物を信じて口に入れ、様々な情報を信じて行動し、相手のことばを信じて人間関係を築き、社会生活を送ることができるのです。もしすべてのことを疑ったら、私たちは生きていくことができません。つまり、信じることと生きることは切り離すことができないのです。ですから、本当に大切なのは「何を信頼して生きていくか」ということなのです。

イエス・キリストは、マルコの福音書 13章31節で「天地は消え去ります。しかし、わたしのことばは決して消え去ることがありません」と約束しています。また、ヘブル人への手紙 13章8節には「イエス・キリストは、昨日も今日も、とこしえに変わることがありません」とあります。

永遠に変わることのない神様がおられ、その神様から遣わされた救い主イエス・キリストが、永遠に変わることのない約束をしておられます。「わたしに信頼しなさい。わたしはあなたに永遠のいのちを与え、あなたの一生を良いもので満たそう」という約束です。この約束は、決して変わることがなく、消え去ってしまうこともありません。ですから、この約束を信頼する人生は、決して失われることのない人生になるのです。

■いつまでも残るもの――希望

新約聖書のコリント人への手紙 第一 13章13節に「いつまでも残るのは信仰と希望と愛、これら三つです」と書かれています。「信仰」は「信頼」という意味で、何を信頼するかということが大切だとお話ししましたね。では、次の「希望」とは、どのようなものなのでしょうか。

イエス・キリストは、ヨハネの福音書 11章25節でこう約束しています。「わたしはよみがえりです。いのちです。わたしを信じる者は死んでも生きるのです」。とても不思議なことばですね。ここで約束されているのは、「死んでも生きるいのち」、つまり、決して失われることのない「いのち」です。

日本語の「いのち」は「息のうち」が省略されたことばではないかと言われています。「息をしているうちが人生だ。死ねば終わりだ」という、とても合理的なことばです。でも、イエス・キリストは、私たちの肉体の息のうちを超えた、永遠に続くいのちを与えようと約束しているのです。

でも、口約束だけなら誰でもできますね。「イエスは永遠のいのちを約束したけど、自分は十字架にかかって死んでしまった。墓に入れられて終わりではないか」というのなら、イエスは救い主を自称して大言壮語《たいげんそうご》で人々を惑わした者で、そのことばは到底信じられない、ということになります。

しかし、聖書にはこう書かれています。「神の御子《みこ》イエス・キリストは何の罪もない方なのに、私たちのすべての罪を背負って十字架で死なれ、三日目に復活され、今も生きておられる」と。そして、いつもイエス・キリストと共に行動し、十字架と埋葬を目撃した弟子たちが、「実際に復活したイエス・キリストに会い、そのからだに触って確認した」と証言しているのです。

このイエス・キリストの復活によって、聖書に書かれている約束がすべて信頼できるものであることが証明され、太鼓判がおされました。私たちは、約束通りに永遠のいのちによって生きる希望を持つことができるのです。

そして、それは肉体が死んだ後だけのことではありません。今、毎日の生活の中で、今も生きておられるイエス・キリストと共に歩み、豊かないのちに生かされ、養われ、成長し、守られ、導かれながら、平安をもって生きていくことができるということなのです。この人生の中にあっても、また死んだ後にも、私たちは永遠の希望をもって、積極的に人生を生きていくことができるのです。それが、いつまでも残る「希望」なのです。

■いつまでも残るもの――愛

聖書に約束されているいつまでも残るもの、「信仰と希望と愛」のうち、最後の「愛」について考えてみましょう。

「愛」といっても人によって様々なイメージを持ちますね。この世の愛のはかなさを味わった方にとっては、愛がいつまでも残るものだとは思えないかもしれません。でも、聖書の教える愛は、神様の愛です。私たちがどんな状態にあろうとも愛し、最善を願う無条件の愛なのです。

聖書は、「はじめに神は天と地とを創造された」という一文から始まります。そして、次にこう記されています。「地は形なく、むなしく、やみが淵のおもてにあり、神の霊が水のおもてをおおっていた」（創世記 1章1、2節、口語訳）。この世界の最初は、むなしく、やみの中にあったというのです。しかし、神様の霊がそれらを覆っていました。聖書には「神は愛である」と書かれています。ですから、言い換えれば「この世界のむなしさとやみを神様の愛が覆っていた」ということです。そして、その神様の愛によって、様々ないのちが生み出されていったのです。神様は、「あなたはこの世界に有りなさい！　存在しなさい！　生きなさい！」と私たちにいのちを与えてくださったのです。私たちがここにこうして生かされていること、存在していること、生活していること、それは奇跡です。決して当たり前ではないのですね。また神様は、私たちにいのちを与えただけでなく、私たち一人一人を心にかけ、必要なものを与え、最善のことをなしてくださる方です。ですから、神様に信頼して歩んでいくことが私たちにとって最も自分らしい人生のあり方なのです。

ところが、私たちは神様の愛の大きさを忘れてしまうことがよくあります。太陽が昇るのも当たり前、空気が吸えるのも当たり前、すべてが当たり前のように思ってしまうのです。そして、神様に頼らなくても自分の力で生きていけると思い込んで歩んでしまうことがありますね。でも、神様は、そんな自分勝手な私たちをなおも愛し続けてくださる方なのです。

ヨハネの福音書　3章16節にこう書かれています。「神は、実に、そのひとり子をお与えになったほどに世を愛された。それは御子《みこ》を信じる者が、一人として滅びることなく、永遠のいのちを持つためである」

神様は、私たちのために大きな犠牲を払ってくださいました。それは、私たちが神様を愛し、信頼し、希望をもって生きていくことができるようになるためです。その神様の愛は決して変わることがありません。「信仰と希望と愛」、この三つをあなたの人生の柱に据えて歩んでください。

■コミュニケーションの回復

ことばは、大切なコミュニケーションの手段です。物事の本質や考え方を伝えるために、非常に大切なものです。ことばによって勇気づけられたり、励まされることもあるでしょう。

しかしその一方、ことばが悪用されることがあります。巧みなことばで人々に誤った思想を植え付け、コントロールしようとすることがあります。人を傷つけることもあります。また、ことばによる誤解も頻繁に起こりますね。語るほうはそんなつもりで言ったのではないのに、聞くほうが誤解するわけです。しかし、発したことばの意味は聞く側が選択するので、誤解は避けられません。ことばの使い方で苦い経験を味わった方は多いでしょう。

旧約聖書の創世記11章に、有名な「バベルの塔」の出来事が記されています。当時、人々は一つのことばを使っていました。ある時、彼らは、「天に届く塔を建てて、神のようになろう」と言ってレンガを積み上げ始めました。ところが、途中で互いのことばが通じ合わなくなってしまったのです。その結果、意思の疎通ができなくなり、彼らのもくろみは頓挫してしまいました。そして、各地にばらばらに散って行ってしまったのです。この出来事は人の高慢の愚かさを典型的に示していると言えます。

これは、遥か昔の出来事ですが、今日でも同じようなことが起こります。人間の高慢がコミュニケーションを破壊し、それまで通じ合っていた関係を混乱させ分裂させてしまう、そういうことはよくあります。人は、自分が神様に造られた者であることを忘れ、自分が神のようになってすべてを自分の思い通りにしたいと思ってしまう傾向があるのです。そして、その高慢によって多くの問題が生じてくるのです。

しかし、神様はどうでしょうか。

聖書には、「神である救い主イエスが、人となって私たちと同じ立場にまで下って来てくださった」と書かれています。イエス・キリストは、謙遜の限りを尽くし、ご自分のいのちをささげることまでして、私たちに救いの道を開いてくださいました。このキリストを信頼し、キリストの姿を模範にして生きるとき、私たちは神様との関係を回復し、また、お互いの関係を回復し、そしてコミュニケーションを回復していくことができるのです。

聖書には、キリストは「神のことば」であると書かれています。このキリストのことばによって、神様の愛と恵みの豊かさを知り、励ましと慰めをさらに受け取っていきましょう。

関根弘興（せきね・ひろおき）

1956年、牧師の家庭に生まれる。中央大学卒業。現在、神奈川県小田原市にある城山キリスト教会牧師。テレビ番組「ライフ・ライン」、ラジオ番組「世の光」の聖書のお話を担当。著書に『聖書通読手帖』、『恵みあふれる聖書の世界』がある。

原田憲夫メッセージ

あなたも正義と公正の真の神様に信頼し、家庭、職場、学び舎で、お隣の方々と平和の道を歩みませんか。

■神の知恵に聴く(1)――箴言19章14節

「家と財産は先祖から受け継ぐもの。賢明な妻は主からのもの」（箴言19章14節）

「新型コロナウイルス」の感染が始まったとき、その影響はあまりに大きく、私たちは様々な分野で変更を余儀なくされました。聞こえてくる声の中には「食欲がなくなった」「生活が不安定になった」「家族関係に問題が生じた」などという辛いものもありました。この厳しい状況の中で、私は改めて聖書―箴言が語る「家族、夫婦、親子」について耳を傾けたいと思わされました。

先日、我が家の駐車場を「憩いの場」にできないかと、そこに置いてある物をどかし、デッキブラシで掃除をしました。その時、盆栽用の木製の台座が腐っていて、盆栽鉢が落下する寸前であることに気がつきました。そこは無駄なすき間のない場所でしたが、裏を返せば、水は抜けない、風は通り抜けない場所だったのです。それで、落ち葉のたまり場になっていたのでした。

ふと、昔、建築家の安藤忠雄氏が語ったことばが記憶の中からよみがえってきました。

「戦後、日本の都市は精神的なゆとりを生む『すき間』を切り捨ててきた。それは社会や人間、自然についてごく当たり前のことを覚える『対話』も奪った。いまこそ、生活や都市のなかから

失われた『対話』や『すき間』を見直すときだ」（朝日新聞）

同じようなことが、今、私たちの家族関係の中に起きているかもしれません。感染拡大の影響に限らず、「変更を余儀なくされて」困惑させられるときは、冷静に家族の関係―夫婦、親子の関係について、お互いの間にあるべき「すき間」を消して息苦しさを生み出してこなかったか、立ち止まって考えてみてはいかがでしょう。

今日の箴言をもう一度読んでみます。

「家と財産は先祖から受け継ぐもの。賢明な妻は主からのもの」

家や財産は先祖からのいわば「贈りもの」なんですね。同じように、人生で出会う思慮深い伴侶もまた、私たちの全く思いもよらない「贈りもの」だと、箴言は語るのです。それは「主から」―神様からの贈りものだと。

また、別の聖書の箇所には、「見よ 子どもたちは主の賜物」（詩篇 127章3節a）とあります。家族の一人一人は神様からの贈りものなんですね。でも私たちは―あなたは、神様なんていらないと、退けてこなかったでしょうか。けれども、「家族」とは自分の何かによって獲得したものではなく、「神様からの贈りものですよ」と聖書は語ります。その聖書―箴言に、あなたも今日、立ち止まってみませんか？

■神の知恵に聴く(2)——箴言27章3節

「石は重く、砂にも重みがある。しかし、愚か者の苛立ちはどちらよりも重い」(箴言27章3節)

今日の箴言―神の知恵は、「あれっ」と不思議に思いました。「石」と「砂」のあとに、私の中では「重いもの」と結びつかない「苛立ち」が出てきたからです。

身の回りに「重いもの」はたくさんあります。十キロのお米一袋。二十五リットルの園芸用の土一袋。もっと軽いものもあるのに、わざわざ「重いもの」を買い込みます。苛立つどころか、割安な上、そのあとに楽しいひと時が待っていると思うと、むしろ軽く感じられるのです。

私たちが「苛立つ」場面は、政治的・社会的な問題から身近で小さな出来事まで様々です。

七月に行った「ワクチン接種の会場」でのことでした。車椅子のおばあさんを押していた女の人が、突然、大きな声をあげました。「なんでもっと早く言わないのよ、トイレ我慢してよ!」

広い会場に重い空気が漂いました。実の親子か嫁姑《よめしゅうとめ》のようでしたが、苛立って大きな声で叱る女の人を見て思いました。「車椅子のおばあさんは何も悪いことをしていないのになあ」

今日の箴言―神の知恵は、「苛立ち」に「愚か者」と添えています。ここで言う「愚か者」とは、「冷静さに欠けている人」のことです。同じ箴言の17章27節にこうあります。

「ことばを控える人は知識を持つ者。霊において冷静な人は英知のある者」

「冷静さ」が欠ける場面は、しばしば心が疲れているときであったり、余裕を無くしたときではないでしょうか。あの大きな声をあげた女の人のイライラした気持ちは、自分に置き換えてみるといくらかわかります。ですから、「苛立ち」に対して「冷静さ」の大切さは、その通りです。ただ、私たち人間の感情や人間関係のもつれ、鬱積《うっせき》した疲労感は……なかなか面倒です。

では、石よりも砂よりももっと重い「苛立ち―心の重荷」をどうしたら軽くできるのでしょう？　イエス・キリストが今日、私たち―あなたに呼びかけている招きの声をお聴きください。

「すべて疲れた人、重荷を負っている人はわたしのもとに来なさい。わたしがあなたがたを休ませてあげます」（マタイの福音書 11章28節）

キリストはあなたの心の重荷を引き受け、十字架の上で取り除いてくださいます。

いかがでしょう？　「苛立ち―心の重荷」を一人で抱えていないで、静まって、主イエス・キリストにありのままを打ち明け、あなたの心の重荷を下ろしませんか？　そして、心の疲れているあなたを支えてくれる隣人《となりびと》のいる、あなたの街のキリスト教会を訪ねてみてください。新しいあなたの人生の道が開かれるでしょう！

■神の知恵に聴く⑶——箴言 27章17節

「鉄は鉄によって研《と》がれ、人はその友によって研がれる」（箴言 27章17節）

箴言—神の知恵は、私たちの日常生活を通して「生きる道」を示しています。

今日の箇所で「研ぐ」とありますが、私は包丁や鎌を研ぐとき、昔ながらの砥石《といし》を使います。今、改めて砥石を見てみると、中心部がすり減っています。まさにその身を削りながら包丁や鎌を磨いていたのです。同じように、人は「友」との出会いを通して磨かれ、成長する機会を得るということです。確かに、人との関わりは面倒臭く、煩わしく思えるときがあります。しかし、良き友—真の友は、甘い・嬉しいことばだけでなく、辛《から》く・厳しいことばも率直に聞かせてくれます。改めて、私たちには「砥石」のような「友」が必要で、「友」によって心のでこぼこが削られ、磨かれ、輝き出すことを大事にしたいと思わされます。

私にはキリスト教信仰へ導いてくださった恩師がいます。その方には生涯の友人がいました。二人が出会ったのは、日本がアジア侵略の道を突き進んでいた時代でした。キリスト教は耶蘇《やそ》教と呼ばれていました。当時は旧制中学校で軍事教練が行われており、ある日の朝、教官が声を荒げました。「耶蘇《やそ》は国賊《こくぞく》じゃ。お前たちの中で耶蘇がおるか。俺がどうにかしてやる」。みんな震えました。その中で、「先生、私はクリスチャンです」と立ち上がった青年がいました。学年一の秀才でした。当時十六歳だった私の恩師は、大きな衝撃を受けたと言います。その日から、その青年が彼の生涯の「友」となり、同じ信仰の道を歩み始めました。のちに私の恩師は、その青年についてこう語りました。「彼の研ぎすまされたものの考え方、使命感、清らかさ、そして思いやりの深さ。彼は私を磨き、ふるい、人として生きる上で大きな指標になった」と。

さて十二月を迎え、救い主イエス・キリストのご降誕に心を巡らしています。そのキリストがこう言われました。「あなたがたはわたしの友です」（ヨハネの福音書 15章14節）。それだけでなく、キリストは「友」のために身代わりとなり、十字架の上でご自分のいのちを削られるのです。そうです。キリストは、「友」と呼ばれるに値しないような私たちのすべての罪・汚《けが》れをその身に引き受け、ご自分の「いのち」を捨て、私たちの人生に「いのちの輝き」をもたらすためにこの世に来てくださったのです。

今日、このお方――私を研ぎ、「いのちの輝き」をもたらされる真の友キリスト――が、あなたの傍らにおられます。このキリストを心に迎え、いのち輝く人生をいただいてください！　そしてこの時節、救い主をたたえる歌があふれるキリスト教会へ、ぜひ足を運んでみてください。

■神の知恵に聴く⑷――箴言 28章21節

「人を偏《かたよ》り見るのは良くない。人は一切れのパンで背《そむ》く」（箴言 28章21節）

ある聖書学者（D・キドナー）が、彼の本の中で興味深いことを語っていました。「聖書の中での箴言の役割は、敬虔さに仕事着を着せて、敬虔さを実生活に生かすことである」

以前、私はフランクフルトの友人に連れられて、有名な広場に行きました。そこで片手に剣、片手に天秤を持った「女性の像」を見ました。それはローマの伝説に由来する、正義の女神ユースティティアでした。「ユースティティア」とはラテン語で、「正義」を意味し、英語のjustice（正義、公正）の語源と言われます。この像は日本にもありますが、興味深いのは、海外の「ユースティティアの像」は目隠しをされているものが多いことです。今日の箴言のように「偏《かたよ》り見ること」や「一切れのパンで背《そむ》くこと」による過ちや危険を避ける姿です。

昨年、ある大国の軍隊が、隣接する国の境界線を越えて侵攻するという出来事が起こりました。その国の指導者の発言は、まさに「偏見」が一人歩きしたものに聞こえました。

今日の箴言―神の知恵は、時の権力者や指導者だけではなく、何気ない日常生活を送る私たち皆に注意を呼び起こしています。なぜなら、私たちは身近な人間関係や出来事の中で、「偏見」や「一切れのパン」という小さく思える誘惑によって、まっすぐな道、正義と公正の道から外れ、他人のいのちや人生に大きな影響を及ぼしかねないからです。

ここで、旧約聖書の申命記10章17、18、20節をお読みします。今日の箴言―神の知恵は、ここから湧き出た「正義」「公正」の泉のように思うからです。

「あなたがたの神、主は神の神、主の主、偉大で力があり、恐ろしい神。えこひいきをせず、賄賂を取らず、みなしごや、やもめのためにさばきを行い、寄留者を愛して、これに食物と衣服を与えられる。……あなたの神、主を恐れ、主に仕えなさい」

そうです。「人を偏り見る」という危険や「一切れのパン」の誘惑から身を守る盾は、この聖書が伝える神様――正義であり、公正である真の神様――にしっかり手を握っていただいて歩むことなのです。

私は今日の箴言―神の知恵に心の耳を傾けながら、この神様に自分自身を預ける生活を目指し、「敬虔さに仕事着を着せて」歩みたいと強く思わされました。あなたもこの正義と公正の真の神様に信頼し、家庭、職場、学び舎で、お隣の方々と平和の道を歩みませんか。あなたの上に神様の祝福が豊かにありますように！

原田憲夫（はらだ・のりお）

1950年、神奈川県大磯町に生まれる。19歳の夏、「世の光」キャンプにてイエス・キリストを信じる。2016年３月末まで横浜緑園キリスト教会牧師（現名誉牧師）。４月から同教会所属「巡回宣教使／神の旅人」。「パンの家」主宰。保護司。ラジオ番組「世の光」、テレビ番組「ライフ・ライン」メッセンジャー。愛読書は『星の王子さま』『草原の椅子』など。愛唱歌は「ふるさと」、「苦しみわれを囲むとも」（教会福音讃美歌421番）など。「侘寂庵《わびさびあん》（パンの家黙想書院）」の庭に咲く花たちや訪れる小鳥たちを愛でながらお茶を飲み、歌を詠むことが、現在の“ささやかな夢”。

大嶋重徳メッセージ

すべての人間関係が行き詰まったように思えたとしても、イエス様のそばには、あなたの居場所があるのです。

■寂しいところで祈る

ルカの福音書を順番に読んでいます。

今週の箇所の4章には、引き続きカペナウム伝道の様子が描かれています。ペテロの姑の癒やしの後、日が沈むのを待って、たくさんの人がイエス様のもとへ来ました。病気の友人や家族を連れていました。イエス様はそれぞれの求めに応じて、「一人ひとりに手を置いて癒やされた」(40節)とあります。42節には「朝になって」とありますから、イエス様は一晩中、一人ひとりに手を置かれたのでしょう。やってくる人たちの話を聞きながら、癒やしをなさいました。

朝になり、イエス様は「寂しいところに出て行かれた」(42節)とあります。群衆はイエス様を捜し回り、自分たちのもとに引き止めておこうとしました。しかし、それほどに求められる中でイエス様が何よりも大切になさったのは、「寂しいところで」父なる神に祈ることでした。

私たちは今週も、人のためにやるべきことがたくさんあります。いろいろな人の声を聞きます。家族のたくさんの必要も抱えています。すると「あれもしてあげたい」「これもしてあげたい」

と思います。「あの人にはあれをしてあげた。この人にはそれができていない」。中には「不公平ではないか」というような顔をされることもあります。「自分が少し無理をしてでもやってあげないといけないのではないか」と思うことがあります。

しかし、そのようなたくさんの必要がある中で、イエス様が選ばれたのは「寂しいところに行く」ということでした。そこで一体何をなさったのか。父なる神様との祈りの時間を持たれたのです。イエス様は寂しい静かな所で、一人、神様に祈る時間を大切にしておられました。

忙しく過ごす私たちにも必要なことがあります。それは、一人で神様の前で静まって、心と体と魂を休める時間をもつことです。そうでなければ心も体も疲れきって、本当は優しい気持ちで始めたことであるのに、「自分ばっかりやっているではないか」と不満が出てきます。そして、疲れきった体が言わなくてもいいことを言ってしまうのです。

イエス様は何よりも、この父なる神様との時間を大切にされていました。皆さんにとって、このラジオ番組「世の光」をお聴きのこの時間も、魂を休ませる大切な時間なのではないでしょうか。多くの必要に取りかかる前に、一日を始めるこの時間をこれからも大切にしていただきたいと思います。このラジオの前で静まる数分間が、あなたの心に余裕と優しさをもたらします。イエス様のように静かに一日を思い巡らし、祈って今日を始めていきましょう。

■深みに漕ぎ出して

ルカの福音書５章で、イエス様は一晩中漁をしても魚の捕れなかったペテロに言われました。「深みに漕ぎ出し、網を下ろして魚を捕りなさい」（４節）

「深み」とは何でしょうか。深みとは、光が湖の底まで届かず、自分の目では足の着くところが見えない、そんな場所です。つまり、自分の目で見えている現実で測りうる浅瀬から、立っている場所すら見えない深みへ行きなさいと言われたのです。今までのあなたの経験、価値観、常識から、「私のことばに従って、あなたの現実の更なる深みに、信仰をもって漕ぎ出しなさい」とイエス様は言われています。

皆さんにとって、「深み」とは一体どこでしょうか。今日、イエス様はどのような深みに漕ぎ出すようにと示しておられるでしょうか。

イエス様のことばに対し、ペテロは驚くことに、「でも、おことばですので、網を下ろしてみましょう」（５節）と言います。魚が捕れなかったという現実にもかかわらずです。この「でも」ということばが、神様の前では求められるのです。

信仰はいつも、この「でも」を言うことを求めてきます。昨夜から今朝方《けさがた》まで魚が捕れなかったという現実がある。「でも、おことばですので」という告白。クリスチャンとはこの「でも」を語る人のことです。

しかし、私たち人間の側の「でも」の使い方はいつも、「イエス様はそうおっしゃいますけれども……、『でも』現実は違うんです」というものです。「イエス様はそうおっしゃいますが、『でも』私には賜物がありません」「聖書が言うことはわかります。『でも』あの人間関係では無理なんです。ずっと私はやってきたんです。もうこれ以上、失望したくないんです」

しかしこの時のペテロの「でも」は、私たち人間の「でも」の一歩向こう側に立ったものです。逆転の「でも」です。

この「でも」が人生を大きく分けます。私たちの経験では到底不可能だと思える現実がある。私の側のいつもの「でも」から、神の側の、みことばに従う「でも」。この大いなる「でも」があるかどうかで、あなたの人生が決まってきます。

今日、神の側の「でも」を言う人生の深みに、あなた自身が漕ぎ出してみませんか。到底不可能に見えることにも、神のことばがあなたの味方をしてくれます。あなたにはイエス様がついていてくれる。だからこそ私たちは「でも」と言えるのです。

■仲間たちとともに

ルカの福音書5章で、イエス様は一晩中働いても魚の捕れなかった漁師のペテロに言いました。「深みに漕ぎ出し、網を下ろして魚を捕りなさい」(4節)

ペテロが従うと、網が破れそうになるほどの魚が捕れました。そこでペテロは、別の舟にいた仲間たちを呼びました。あまりに大きな祝福に興奮しながら、「おい、本当にすごいぞ」と仲間を呼んだのです。イエス様に従った恵みを一人じめにしておくことはできなかったのです。

今日もそうです。私もそうです。「深みに漕ぎ出せ」というイエス様のことばに従って、私の深みに入ってきて、網を下ろしてくれた人がいました。イエス様と一緒に誰かが網を下ろしてくれたから、今の私があるのです。

ラジオをお聴きの皆さんにも、あなたの心の深みに届きたいと思ってくださった誰かがいて、その人がこの番組のことをあなたに教え、今、あなたのもとへと届けられているのです。

私は中学生の頃、もう信仰が嫌になって教会を離れていた頃がありました。すると、中学生科のスタッフのテラムラさんというおばさんが毎月、「重ちゃん、元気?」と家を訪ねてきてくれました。その時、月刊の「ジュニアみことばの光」という、聖書を毎日読むガイドを一緒に届けてくれるのです。はっきり言って、どうせ読まないいんですね。やらないいんです。しかし母親に言われて、玄関先に出ていきます。それを受け取るときも、「早く帰って」というオーラをものすごく出しているんです。でも次の月も、「ジュニアみことばの光」を持って訪ねてこられる。私はこの人がいたから教会に帰ることができました。

高校生の時も、カドノさんというスタッフがいてくれました。「重ちゃん、イエス様はすごいぞ」と本気で嬉しそうに話してくれました。「重ちゃんは俺の友達やからな」と言ってくれました。私からすると、友達だなんて到底言えない、自分の信仰を導いてくれた大先輩です。しかしその人が私を仲間と迎え、「重ちゃんの友達の深みにも、一緒に漕ぎ出してみようよ」と、私自身が網を下ろすことを励ましてくれたのです。「イエス様のおことばどおり、従ってみよう」と励ましてくれたのです。

今日、あなたにも、あなたの心の深みに網を下ろそうとしてくれている人がいます。あるいはあなたが誰かの心の深みに網を下ろす番かもしれません。そこであなたを助けてくれる仲間が必ずいます。一緒にこの神の恵みを味わいたいと思いませんか。

■新しい居場所

ルカの福音書を順番に読んでいます。

5章12節からは、ツァラアトという重い皮膚病にかかった人が出てきます。この病気は汚《けが》れた病とされていたため、かかった人は社会的に隔絶されました。人々の多くが住む居住区から隔離され、町の中に入る際には、誰も自分に触れることがないように「私は汚れている」と言いながら町中《まちなか》を歩かなければならない病気でした。どれほどの孤独と苦しみがこの人にあっただろうかと思います。

私は小学生の頃にいじめを受けていました。それはある日突然、始まりました。「大嶋菌がうつる」と言われる。私が誰かの机に触れると、手で払われて、ふっふっと息をはきかけられ、「触んな」と言われる。あまりのショックにことばを失いました。ただ苦笑いしかできずにその場を去りました。いじめはその後も随分と長く続きました。自分の存在そのものを否定されるこの時間は、永遠に続く絶望のように感じられました。うまく呼吸できないような、ずっと水の中にいるような、そんな気持ちでした。

家まで四キロもある帰り道は、いつも一人でした。小学生ながらに、人生とは残酷だと思いました。親にも誰にもこのことは言えませんでした。一人でいつも本を読み、親に買ってもらった『少年少女世界文学全集』は何度も何度も読みました。

一人で家に帰るときは、ひたすら空想していました。空想の設定は「来週、俺は引っ越しをする。そこでの新しい教室での挨拶をどうしようか」というものでした。新しい人生がどこかにあるはずだと求めていたのです。

ツァラアトにかかった彼は、噂に聞いていたイエス様を見つけたとき、どれほど嬉しかったでしょうか。彼はひれ伏してお願いします。

「主よ、お心一つで私をきよくすることがおできになります」（12節）

今の生活を抜け出したいと思ったでしょう。私も、いじめられる状況から早く抜け出したいと思いました。いつになったらこのいじめが終わるのだろうかと思っていました。その中で、教会学校は唯一の救いでした。学校とは違う人間関係がそこにあったからです。自分を大切に受け入れてくれる教会学校の先生たちがいました。

教会は、あなたに新しい居場所を与えてくれます。すべての人間関係が行き詰まったように思えたとしても、イエス様のそばには、あなたの居場所があるのです。

大嶋重徳（おおしま・しげのり）

1974年生まれ。京都府福知山市出身。2003年、神戸改革派神学校卒。鳩ヶ谷福音自由教会牧師。ラジオ番組「世の光」メッセンジャー、WEB番組「What The Pastors!!」メインパーソナリティー。お茶の水クリスチャン・センター副理事長。１男１女の父。

福井 誠メッセージ

人間というのは、生まれながらの罪人、救われるべき罪人、そして何より、そうでありながらも愛されるべきものなのです。

■夜通し歩いて行き——サムエル記 第一 31章12節

「勇士たちはみな立ち上がり、夜通し歩いて行き、サウルの死体と息子たちの死体をベテ・シャンの城壁から取り下ろし、ヤベシュに帰って来て、そこでそれらを焼いた」（サムエル記 第一 31章12節）

旧約聖書の中にあるサムエル記には、その昔、イスラエルが国を興したときのことが描かれています。そしてこの31章が描いているのは、イスラエル最初の王サウルが敵のペリシテ軍に殺されてしまう悲劇的なエピソードです。サウル王はしばしば、後継者のダビデ王と比較されます。ダビデはよい王様で神に愛されたが、サウルは神に敵対し憎まれた、結果的に悲惨な死に方をした、と考えている方もおられるかもしれません。

しかし改めてその死のエピソードを読んでみると、どうもそうではないと思わされるものがあります。ダビデが神に愛されて、サウルが神に嫌われたということはない、むしろ二人とも神に愛された、と思わされるのです。

サウルの時代、イスラエルの国は王制国家となりました。しかし実際は、決して安定した国家ではありませんでした。軍事的にも弱小で、国家の官僚制度も整ってはおらず、周囲を強敵に囲まれ、いつでも瓦解《がかい》する危険性のある国でした。つまり、かつてイスラエルの先祖が荒野を四十年間さまよった時代と同じで、神の特別の守りがあったからこそ生き延びた国であり、時代でもあったのです。つまり、神はサウルをも愛し、サウルの働きを支えておられたというわけです。

そして神のサウルに対する心遣いは、その最期にも表れています。というのも、サウルは殺された後、当時のペリシテ軍の習慣によってベテ・シャンの城壁にさらしものにされました。しかし、そこでいのちの危険を犯し、「夜通し歩いて」駆けつけ、サウルの死体を取り戻し、イスラエルの慣習に従って丁重に葬った人々が起こされたことが記録されています。もしサウルがただ神に嫌われていたのなら、サウルの最期の名誉が守られるようなことはされなかったことでしょう。神は、サウルのように不機嫌に満ち、嫉妬と暴力を露わにする王であれ、その死を粗末にはされませんでした。

人は嫌いな人間を粗末にするものです。しかし神は違います。どのような人にも最善をもって寄り添われる神がおられることを信じましょう。

■愛される立派な人だった——サムエル記 第二 1章23節

「サウルもヨナタンも、愛される、立派な人だった」（サムエル記 第二 1章23節）

イスラエル最初の王、サウルが死にました。その知らせを聞いたダビデが、サウル王のために哀歌を献げています。

しかし、それは実に不思議な行動です。というのも、サムエル記 第一を読み通された方はわかると思いますが、ダビデはサウルに長い間いのちを狙われ、幾度も死に追い詰められてきた人です。執念深く、殺そうと付け狙ってきたサウルから解放されたのです。長い戦いが終わったのです。ダビデは、さぞほっとしたのではないかと思います。喜ぶべきことでした。ところがダビデは、その日を悲しみと哀歌を献げる日としたのです。不思議です。

ダビデの悲しみの詩、哀歌を読んでみましょう（サムエル記 第二 1章19～27節）。まずそれは、イスラエルの敗北を悲しみ、ペリシテ人がこれをことさら喜ぶことのないように願っています。そして「サウルもヨナタンも、愛される、立派な人だった」と、サウルについてもその名誉を認めています。最後に、ダビデはサウルの息子ヨナタンの死を悲しみ、ヨナタンの愛を「女の愛にもまさって、すばらしかった」と評価しています。

しかもダビデは、この哀歌をイスラエルの民の子に教えるように命じています。つまり、この悲しみの詩は一回きりの哀悼歌ではなく、苦労を共にしてきたユダの人々への教育のために作られたのです。そしてその哀歌は、サウルやヨナタンに対する賛辞を中心としています。ユダの人々も、サムエル記 第一に記録されたサウルのダビデに対する厳しい仕打ちを生々しいほどよく知っていたことでしょう。にもかかわらず、ダビデはサウルの勇姿を称え、覚えるように教えていくのです。

ダビデはなぜそうしたのか。それは、いろいろとあっても、やはり人間は愛すべきもの、赦し、心通わせて生きるべきもの、と神に教えられていたからではないでしょうか。人間というのは、生まれながらの罪人、救われるべき罪人、そして何より、そうでありながらも愛されるべきものなのです。そしてそれは繰り返し教えられなくてはならないことでした。というのも、ダビデ自身もこの後、この歌を作ったとは思えないほどの心の堕落に陥り、人間を粗末にしてしまうのです。大事なことを忘れやすい、人間の弱さがあることを覚えたいものです。

■主は生きておられる——サムエル記 第二 4章9節

「主は生きておられる。主は私のたましいを、あらゆる苦難から贖《あがな》い出してくださった」（サムエル記 第二 4章9節）

この箇所の前の章には、サウル王の将軍アブネルが、ダビデ王の将軍ヨアブに暗殺された事件が記録されています。それは、イスラエル人に大きな衝撃を与えました。

そして、サウルの側にいた二人の略奪隊長がこれを機にクーデターを起こし、サウルの後継者イシュ・ボシェテを殺して、その首をダビデに届けます。彼らは時代の動きを読み取り、その波に真っ先に乗った人々でした。二人は、ダビデが喜び、自分たちを評価して引き立ててくれるとでも思ったのでしょう。

しかし、それは大きな誤算でした。ダビデは彼らが期待したように考える人ではなかったのです。ダビデは、イスラエルの王を決めるのは神ご自身であること、そして神が王として自分を望まれるならば、卑劣な暴力や騙し討ちは不要だと考える人でした。そして、神の民の中に、そのようななりふり構わぬ争いが起こることを嫌悪する人でした。

社会の動きを見ていると、とても残念だなと思うことがあるものです。会社が傾いたというので、情け容赦のないやり方でリストラを進める会社もあれば、そのような大変な時期であればこそ、知恵と力を尽くして、何とか皆で乗り越えようとする会社もあります。神を信じるキリスト者は、そのような状況でいかに生きるべきでしょうか。

キリスト者は、世俗の滅びの穴から救われた人々、あらゆる苦難から救ってくださる神の恵みの豊かさを知り、そこに立つ人々です。そして世の光、地の塩と呼ばれるような人々です。彼らは世の中の人々とは違う考え方、物事の進め方をする人々です。となれば、キリスト者の家庭や会社、そしてキリスト者が集まる教会が困難に陥ったら、当然、世の中の人々とは違う何かがそこに起こることでしょう。

しかし、そうではないことが起こるとしたら、その問題はキリスト教にあるのではありません。聖書の教えが悪いのではなく、聖書の教える世の光、地の塩という在り方に立とうとしないキリスト者の問題です。救われたとは言うものの、相変わらず世俗的な考えで生きているキリスト者の問題です。神の愛と正義にしっかりと立ち、そこを大事にして生きる。それがキリスト者の道だと心得たいものです。

■水が破れ出るように破られた――サムエル記 第二 5章20節

「ダビデはそこで彼らを討って、『主は、水が破れ出るように、私の前で私の敵を破られた』と言った。それゆえ、その場所の名はバアル・ペラツィムと呼ばれた」（サムエル記 第二 5章20節）

イスラエル初代の王サウルの死後、国はダビデのもとに統一され、ダビデはイスラエルの王となりました。そこでまずダビデがしたのは、エルサレムに来て、「シオンの要害を攻め取った」（サムエル記 第二 5章7節）ことでした。そこは戦略的な要衝《ようしょう》で、長くイスラエルの強敵エブス人が支配していた場所です。まずダビデは、この強敵を追い払ったのです。こうして、エルサレムでの三十三年間のダビデ王の時代がスタートしていきます。

そして聖書は、「ダビデがますます大いなる者となった」と語りますが、実際のところ、ダビデはさらに新しい試練にもさらされました。ついにダビデの時代が来て、何もかもダビデの思い通りになったのかというと、そうではない。ペリシテ人がダビデの首を狙って集まってきたのです。王権が定まったばかりであるというのに、これを叩き潰そうとするペリシテの脅威が起こりました。しかもペリシテは、当時のイスラエルを遥かにしのぐ巨大勢力でした。

その時、ダビデはまず主に祈りました。このことに注目しましょう。そして神はダビデの祈りに応え、勝利を約束し、その通りにされました。ダビデは、「主は、水が破れ出るように、私の前で私の敵を破られた」と言います。そしてその場所をバアル・ペラツィムと呼びましたが、それは「突破の主」という意味を持つことばです。つまりダビデは、突破口を開くのは神ご自身だという確信を持ったのです。ですからペリシテ人が再び攻めてくると、ダビデはまた神に祈り、神の作戦に従い、同じ戦略を繰り返しませんでした。

昨日の勝利は今日の勝利を保証するものではありません。ダビデは一瞬一瞬、神の知恵をいただき、日々、突破口を開く神の力に拠り頼みながら勝利を重ねたのです。

人生の勝利の秘訣は、日々、一瞬一瞬、神に拠り頼むことにあると言うべきでしょう。神の力以外に突破する道なしと思われるような時はなおさらです。聖書を読み続け、聖書に教えられながら、よき人生を歩ませていただきたいものです。

福井　誠（ふくい・まこと）

1961年、秋田県生まれ。大学病院で作業療法士として働いた後、26歳で牧師の道に転向。現在、東京都世田谷区の二子玉川にある玉川キリスト教会牧師。牧会学博士。ラジオ番組「世の光」メッセンジャー。聖書に語られる神の愛の深さ、広さ、高さを知っていただくために「パスターまことの聖書通読一日一生」というYouTubeチャンネルの制作にも挑戦中。

山本陽一郎メッセージ

あなたは神さまにとって大切な存在です。そして、神さまはあなたともっと親しくなりたい、あなたと一緒に歩んでいきたいと願っておられるのです。

■ただ一人のお医者さん

子どもの頃、私は体調を崩すと、家の近くの町医者で診てもらいました。母曰《いわ》く名医だというおじいちゃん先生がいつも温かく迎えてくれました。聴診器を当てて、ひと通り診た後に先生は、「まぁ、心配しなさんな」とか「うまいもん食べて、ちゃーんと寝てりゃあ治る」といった感じのことを言うのです。でも、ふかふかの毛布のようなそのことばが不思議と安心感を与えてくれて、私は足取り軽く家に帰ったものです。

ただ、どんな名医でも治すことができないものがあります。それは、人の罪です。罪は、私たちみんなが持っている不治の病だといえます。

「いや、自分は警察にお世話になったことはない」「完璧な人間じゃないが、それなりに誠実に生きているつもりだ。罪人呼ばわりされるのは心外だ」という方もおられるでしょう。何を隠そう、私がそうでした。

けれども、自己中心性、妬み、責任転嫁、そして死の恐怖……私たちの中にあるこういったものはすべて、神に逆らう生き方、すなわち私たちの「罪」によって生じています。そして、残念ながらこれを自分自身では治せないし、どんな名医でもこれだけは取り除くことができません。罪の解決は、罪を赦す権威を持っているお方によってでなければ、もたらされないのです。

実は、聖書が語っているのは、その罪を解決できるただ一人の医者がここにいる！　ということなのです。イエス・キリストは言われました。

「医者を必要とするのは、丈夫な人ではなく病人です。わたしが来たのは、正しい人を招くためではなく、罪人を招くためです」（マルコの福音書 2章17節）

医者とはイエスご自身のことです。当時、自分を正しいと思っていた人々は反発しました。けれども、本当は誰もが罪の解決を必要としているのです。病人に治療が必要であるように、人には罪からの救いが必要です。イエスが来られたのは、私やあなたを招き、救ってくださるためなのです。

どうしても診てほしい名医なら、順番待ちをしたり、遠くの病院まで出かけたりする必要もあるかもしれません。しかし、私たちを罪から救う世界にただ一人の名医は、待つ必要も出かけていく必要もありません。なぜなら、私たちが呼べばすぐに、いいえ、呼ぶ前から私たちの状態を知っていてくださるからです。そんなただ一人のお医者さん、イエス・キリストが、いつも私たちと一緒にいてくださるのです。

■名前を呼ぶ

私たち家族が今の土地に引っ越してきてから、いつもちょっと厳しめの目でこちらを見ている近所のおじさんがいました。十年間、私はこの方から「おい」「おまえ」と呼ばれていました。

ところがある時、ちょっとしたことでおじさんから相談を受け、教会のベンチに腰掛けて一緒にお話しするということがありました。身の上話をしてくださり、妻と一緒にお聞きしました。それ以来、おじさんがなんと「山本くん」と呼んでくれるようになったのです。今や、遠くからでも私を見つければ笑顔で「おう！　山本くーん！」と手を振ってくれます。夏には採れたてのキュウリを教会まで持ってきてくれました。格別のおいしさでした。こうして親しく名前を呼んでもらえるのは嬉しいことなんだなと、あらためて実感しました。

名前を呼ぶということは、多くの場合、気にも留めないようなことかもしれません。でも、そこにはとても大切なメッセージが込められていると思いませんか。名前で呼ばれるとき、私たちは自分の存在が認められていることを感じますし、久しぶりに会った人から名前を呼ばれると、「ああ、自分のことを覚えていてくれたんだ」と嬉しくなりますね。

実は神さまも、私たち一人一人の名前を呼んでくださるお方なのです。それだけあなたを愛し、大切にしておられるからです。

「だが今、主はこう言われる。
ヤコブよ、あなたを創造した方、
イスラエルよ、あなたを形造った方が。
『恐れるな。わたしがあなたを贖《あがな》ったからだ。
わたしはあなたの名を呼んだ。
あなたは、わたしのもの』」（イザヤ書 43章1節）

神さまは、「おい」とか、「誰でもいいけど、そこの誰かさん」ではなく、あなたの名前を呼んでくださるのです。

あなたは神さまにとって大切な存在です。そして、神さまはあなたともっと親しくなりたい、あなたと一緒に歩んでいきたいと願っておられるのです。

あなたも、あなたの名前を呼んでくださる神さまの思いを受け取ってみませんか。

■映えないクリスマス

クリスマスがやってきます。きれいなイルミネーションを撮影した方もいるでしょう。よく若い人たちがスマホを手に「映《ば》える〜」と言いながら撮影していますが、それは、見栄えがよい、オシャレというような意味です。

ところで、私たち人間には「承認欲求」というものがあります。ある学者は、「人間の本性の最も根源的な特徴は、自分を評価してほしいという欲求である」と語りました。人は評価されていることを確かめたい。仕事で評価されたい。自分のSNSの投稿に「いいね!」をつけてほしい。それで背伸びをしたり、一喜一憂したりすることもあるのですね。

でも、本当は無理しなくていいんです。いつも「映えて」いなくたっていいんです。なぜなら、あなたは今すでに愛されている存在だから。

実はそのことが凝縮されているのがクリスマスの出来事なのです。

ご存知ですか? なぜイエス・キリストがこの世に生まれたのかを。それは、あなたのためです。イエスさまは、あなたを愛し、あなたを罪から救うために、いわば神さまとしての「映え」

を捨ててこの世に来られました。

実際、聖書に描かれるクリスマスは全然「映えて」いません。泊まる場所がない貧しい夫婦のもとに家畜小屋で生まれた男の子がイエスさまでした。私たちの罪をすべて背負って十字架にかかり、救いを成し遂げるために生まれてくださったのです。

たくさんの「いいね！」をもらうために努力している人たちもいます。でも、「見て！」と言わなくても、もうイエスさまはあなたを見てくれています。むしろ見なくてはいけないのは、私たちのほうです。私たちがイエスさまを見ることが大事なのです。クリスマスの最大の喜びは、救い主イエスを自分自身の中にお迎えすることです。

「今日ダビデの町で、あなたがたのために救い主がお生まれになりました。この方こそ主キリストです」（ルカの福音書 2章11節）

映えなきゃいけないクリスマス？　誰がいつ、そんなことを決めたんですか？　映えないからこそいいんです。だって、私たちの心の最も「映えない」ところも受け止め、照らしてくれるイエスさまの愛が、すでに用意されているからです。

メリー・クリスマス！　あなたは愛されています。

■ホーム

スマートフォンを初めて使ったとき、これはすごいものが登場したなぁと感じました。個人的に気に入ったのは、本体に付いていたホームボタンです。どの画面を開いて作業していても、とにかくホームボタンを押せば、どこからでも最初の画面に戻ってこられるようになっていました。

ところで、スマートフォンなんてなかった二千年前に、私たちにもちゃんと〝ホーム〟があると教えてくれた方がいました。そのお方、イエス・キリストは、世界中の人々に、神がどれほど私たちを愛しておられるかを示してくださったのです。神のみもとにいること、それが私たちの〝ホーム〟なのだと。

イエスさまのメッセージの中に、有名な放蕩息子のたとえ話があります。父から財産の分け前をもらうや否や遠い国へ行ってしまった息子が、遊びほうけてお金を使い果たしてしまい、改心して父のもとに帰ってくる話です。その時、父、すなわち神さまはこう言って盛大に祝います。

「この息子は、死んでいたのに生き返り、いなくなっていたのに見つかったのだから」（ルカの福音書 15章24節）

失われた状態にあった人が本来の場所に帰る喜び、神の愛を鮮やかに描いた話です。

私には若いころ、いろいろなことがあって、教会からも神さまからも離れていた時期がありました。どうせ自分なんて教会からも忘れられているだろうと思っていました。ところがそうではなかったのです。あることがきっかけで久しぶりに教会へ行くことになり、私はだいぶ休んでいたためバツが悪く、恐る恐るドアを開けました。すると……。

「ようちゃん!」私に気づいた方々が、ダーッとこちらに駆け寄ってきてくださったのです。驚いたことに、みんな泣いていました。そして、私の手を握りながら口々に話してくださったのです。私が立ち直れるように、また教会に戻って来られるように、ずっとずっと祈っていてくださったことを。

神さまの愛が見えるような気持ちがしました。「よく帰ってきたね。ずっと待っていたんだよ」と言って、神さまが抱きしめてくれたように感じられました。

私たちは罪人です。けれども、帰ることのできる場所、本当のホームがあるのです。遅すぎることはありません。神さまは、今日もあなたのことを待っておられます。

山本陽一郎（やまもと・よういちろう）

1974年東京都生まれ。東京基督教大学、東京基督神学校卒業。日本同盟基督教団多治見中央キリスト教会牧師。「夢見人（ドリーマー）」などの賛美を作曲。ラジオ番組「世の光」メッセンジャー。家族は妻と二女、猫二匹。

岩井基雄メッセージ

あなたもキリストの十字架の意味を、自分のこととして考えてみませんか。そこにこそ、あなたの人生を変える出会いがあるのです。

■足のともしび、道の光である神のことば

私たちは、自分の心を表現したり互いにコミュニケーションをとったりする方法として「ことば」を用います。「ことば」には力があり、人を励ますことも、深く傷つけることもあります。また、心を生かす「ことば」に出会うと、私たちは生きる力を受けるのです。

詩篇の中でもっとも長い詩篇119篇の作者は、聖書のことばのすばらしさをあらゆる表現で表し、日々「神のことば」から力を受ける祝福を次のように詠《うた》っています。

「あなたのみことばは 私の足のともしび 私の道の光です。私は誓い また それを果たします。あなたの義の定めを守ることを。私はひどく苦しんでいます。主よ みことばのとおりに私を生かしてください。どうか 私の口から出る進んで献げるものを 受け入れてください。主よ。あなたのさばきを私に教えてください。私は いつもいのちがけです。それでも あなたのみおしえを忘れません」（105～109節）

人生の苦しみの中で、神のことばこそが自分を救い、生かしたことを、この詩篇の作者は心からの感謝を持って詠います。自分の歩むべき道を導く光として、彼は聖書のことばを理解してい

ます。そして、そのみことばの通りに生きることの恵みを語り、神への賛美と感謝を表します。いのちがけで生きるこの作者は、神のみことばを忘れずに心に留め、そこから力を得るのです。

第二次世界大戦の時、ユダヤ人をナチス・ドイツから守り海外へと逃がしたために、家族と共に強制収容所に入れられたオランダ人、コーリー・テン・ブームというクリスチャンをご存知でしょうか。彼女は姉がひそかに持ち込んだ聖書のことばによって力と希望を受け、姉が亡くなった後はそれを引き継いで、収容所内の人々を神のことばで励まし続けたのです。地獄のような強制収容所から助け出された彼女は戦後、世界中を回り、神の愛とことばの力を証ししました。

神のことばにはいのちと力があります。みことばは苦難や葛藤の中にあってこそ、私たちに真実な愛と知恵を与えるのです。この詩篇の作者は神のことばの豊かさを続けてこう記しています。

「どれほど私は　あなたのみおしえを　愛していることでしょう。それがいつも　私の思いとなっています。あなたの仰せは　私を敵よりも賢くします。それがとこしえに私のものだからです」

（詩篇119篇97、98節）

全世界を創り、すべてのことに主権を持っておられる神の知恵、神の恵みのことばは、私たちに力と知恵と祝福を与えるのです。あなたも、神のことばである聖書に生かされ、どんな中にあっても希望といのちに輝いて歩む人生、神の力を受け続ける歩みを始めましょう。

■キリストの十字架を背負ったクレネ人シモン

私たちの人生には思いがけない出来事や出会いがあります。そのことを通して、人生が大きく変わることもあるのです。真のいのちへと導く、神の御子イエス・キリストとの出会いを通して、多くの人が人生の転換点を迎えました。そのひとりがクレネ人シモンでした。キリストが死刑場に向かう途中、キリストの十字架を代わりに背負った人です。

それは、イスラエルの過越《すぎこし》の祭りの時でした。遠くの国からも、神を恐れ信じる者たちがエルサレムに集まっていました。クレネは北アフリカにありましたから、彼はかなりの犠牲を払ってエルサレムに来たのです。

そこで彼が見たのは、死刑場に向かう三人の犯罪人でした。その一人が彼の目の前で倒れたのです。それがイエス・キリストでした。キリストは、鞭《むち》の先に釘などがあるローマの鞭を幾度も幾度も受け、理不尽な裁判を六回も受け、肉体的にも精神的にも限界だったことでしょう。ローマ兵は、このシモンにキリストの代わりにその十字架を担ぐよう命じました。

聖書はこう語ります。

「兵士たちは、通りかかったクレネ人シモンという人に、イエスの十字架を無理やり背負わせた。彼はアレクサンドロとルフォスの父で、田舎から来ていた」（マルコの福音書15章21節）

彼にとっては、無理やり背負わされたキリストの十字架でした。しかし、それがこのクレネ人シモンの人生を変えたのです。このマルコの福音書には、彼の息子たちの名前が記されています。そこから分かることは、クレネ人シモンは後に、息子たちと共に、自らキリストの死の意味を考え、それが自分の罪のゆえであると認め、キリストを救い主と信じたということです。あの過越の祭りの時に、息子たちも一緒にその場にいたのかもしれません。彼らは、自分たちの父親が代わりに背負ったキリストの十字架の意味と神の計画を理解したのではないでしょうか。

すべての出来事の背後に、人のすべての罪を赦す、神の愛の計画がありました。その計画の成就《じょうじゅ》として、神の御子《みこ》イエス・キリストは、私たちのために、まっすぐに十字架の死へと向かってくださいました。そこにあなたの人生をも変える永遠の愛、無条件の愛があるのです。

「私たちが神を愛したのではなく、神が私たちを愛し、私たちの罪のために、宥《なだ》めのささげ物としての御子を遣わされました。ここに愛があるのです」（ヨハネの手紙 第一 4章10節）

あなたもキリストの十字架の意味を、自分のこととして考えてみませんか。そこにこそ、あなたの人生を変える出会いがあるのです。

■すべてのことを感謝する力

人生には様々な出来事があり、私たちの心や人生を揺り動かすことがあります。それは私たちを感謝へと導くこともあれば、不平や不満へ導くこともあります。感謝に溢れる人生を歩みたいと願いながら、なかなかそれを実行することはできません。時に、不平不満の達人となってしまうこともあるのです。

カトリックの司祭ヘンリ・ナウエンの本の中には、こんな問いかけが書かれています。

「私たちがたやすく陥りやすい考え方は、感謝できるよいことと、忘れてしまいたい悪いことを区別して考えてしまうことです。しかし、このように過去を振り分けるなら、こだわりなく未来に向かって歩んで行くことはできません」

ドキリとする問いかけですが、確かに私たちは自分の基準で感謝できることと、感謝できないことを分けてしまうのではないでしょうか。聖書は私たちにこうチャレンジを与えています。

「いつも喜んでいなさい。絶えず祈りなさい。すべてのことにおいて感謝しなさい。これが、キリスト・イエスにあって神があなたがたに望んでおられることです」（テサロニケ人への手紙 第一 5章

16～18節）

これは、神様の愛を伝えた伝道者パウロが、テサロニケという町に誕生した教会の人々に語りかけたことばであり、私たちの生き方にチャレンジをしています。どうすればいつも喜ぶことや、すべてのことを感謝することができるのでしょうか。ここには三つのカギが示されています。

一つは「絶えず祈りなさい」ということです。喜ぶことと感謝することとの間に、この祈りへの招きがあります。聖書が教える祈りは、「自分の願いを叶えてもらうための祈り」よりも、「神のみこころが自分になされるようにとゆだねる祈り」です。それゆえ、どんな状況の中でも、そこに神様のご計画がなされるようにと祈る心は、私たちに喜びと感謝の心を与えます。

二つめのカギは、「キリスト・イエスにあって」ということです。キリストは私たちの身代わりに罪のさばきを受け尽くし、罪の赦しの道を開きました。いのちがけのキリストの愛を受け取るとき、私たちはどんな中でも、喜び、感謝する者へと変えられるのです。

三つめのカギは「神が望んでおられること」に心を留めることです。自分が望むことを手放し、神様が何を望んでいらっしゃるかを考えるとき、私たちはあらゆることを受け止め、喜びと感謝の人生へと変えられるのです。自分中心の考えを後にし、神の愛のご計画に心を留めるからです。

いつも喜び、絶えず祈り、すべてのことを感謝する歩みを、あなたも始めてみませんか。

■生ける石であるキリストと出会う

人生の危機の中では、本当に価値あるもの、信頼できるものは何かが問われます。

聖書の中に、「砂の上に建てられた家と、岩の上に建てられた家」というキリストのたとえ話があります。一見違いがない二つの家なのですが、大雨や洪水がその違いを明らかにします。岩の上に建てられた家はビクともしませんが、砂の上に建てられた家は、酷《ひど》い倒れ方をします。

私は以前、このことがよく分かりませんでした。岩地と砂地があったら、誰が砂地に家を建てるだろうかと思ったからです。しかし、聖書にはこうありました。

「その人は、地面を深く掘り下げ、岩の上に土台を据えて、家を建てた人に似ています。洪水になり、川の水がその家に押し寄せても、しっかり建てられていたので、びくともしませんでした」（ルカの福音書 6章48節）

岩の上に家を建てた人は地面を深く掘り下げて岩にたどり着き、岩の土台の上に家を建てたのです。地面を掘り下げることは、決して楽ではありません。しかし人生の悲しみを通るとき、私たちは自分の人生や心を深く掘り下げ、本当に信頼できる土台、揺れ動くことのない確かな基盤を求めるのではないでしょうか。そして聖書は、その真実な人生の土台こそ、神の子キリストであると語り、キリストのことばに従うことの大切さを記しています。キリストこそ今も生きておられる神であり、その方の愛といのちに人生の土台を置く祝福へと私たちを招くのです。

「主のもとに来なさい。主は、人には捨てられたが神には選ばれた、尊《たっと》い生ける石です」（ペテロの手紙第一 2章4節）

神の御子《みこ》キリストは、私たちの悲しみを共に味わい、罪のさばきを身代わりに受けるために人としてこの地上に来てくださり、十字架にかかって私たちの罪の赦しの道を開かれました。

私たちが困難な人生を歩むとき、キリストは私たちを愛して、共に歩んでくださいます。また、私たちの人生がどんな破れを経験しても、キリストがその破れ口に立ち、そこに罪の赦しと生きる力を与えてくださるのです。キリストこそ、愛と恵みに満ちた「尊い生ける石」、あなたの人生に、愛と希望を与えるいのちの土台です。

人生には多くの悲しみがあります。しかし、その一つ一つの中で、あなたも人生を、そして心を深く掘り下げて、本当の土台を探し求めてみませんか。そして確かな人生の土台、私たちに罪の赦しと、永遠の愛といのちを与えるイエス・キリストのもとに来て、本当の心の潤いを受け取っていただきたいのです。

岩井基雄（いわい・もとお）

1961年、高知県の牧師の家庭に生まれる。埼玉大学卒業後、公立中学校で数学教諭として４年働いた後、牧師を志す。現在、埼玉県新座市にある清瀬福音自由教会牧師。また、東京都世田谷区にある玉川聖学院で、中学生に聖書を教えている。ラジオ番組「世の光」、テレビ番組「ライフ・ライン」メッセンジャー。２男２女の父、孫2人。

板倉邦雄メッセージ

私たちは、イエス・キリストの十字架の苦しみと痛み、そして死によって神の国に生まれるのです。

■神の国を見る人――ヨハネの福音書 3章1～3節

「神の国」とは、天国だけを指すことばではないようです。ある聖書学者は、「神の国とは、神の民が、神の場所で、神の支配と祝福を受けること」と語ります。ではどのようにしたら、この神の国に入ることができるのでしょうか。

さて、パリサイ派という分離主義派に属していた一人の人物がいました。その名をニコデモといい、高齢者でした。彼はユダヤ人の最高議会のメンバーであり、宗教指導者でした。そのニコデモが夜、こっそりと人目を避けるようにしてイエスのもとに来て、質問したのです。ニコデモの心の中にあった疑問です。

「どうしたら神の国に入ることができますか」

イエス様よりはるかに高齢であり、最高議会の議員であり、人々の宗教指導者であったニコデモの質問でした。

イエス様は、即座に答えられました。

「ニコデモ先生、よくよく言っておきます。誰でも新しく生まれなければ、神の国を見ることさえできませんし、神の国に入ることもできません。まして、神の国の支配と祝福を受けることはできません」

ある国の国籍を持ち、その国の提供する福祉や権利を享受するためには、その国の国民の親のもとに生まれるか、帰化するかなどしなければなりません。ニコデモは、宗教指導者、国の政治指導者として、神の国について教えてきました。しかし神の国を見ていなかったし、神の国の支配と祝福にあずかっていなかったのです。それは神の国に入る第一段階である、新しく生まれるという経験をしていなかったからです。

では「新しく生まれる」とはどういうことでしょうか。これは、この世においての第二の誕生ということになります。ヨハネの福音書 1章を思い出していただきたいのです。

「しかし、この方（イエス・キリスト）を受け入れた人々、すなわち、その名を信じた人々には、神の子どもとなる特権をお与えになった」（12節、括弧内筆者補足）

神の国に生まれ、神の子となり、神の国を見、神の民となり、神の祝福と支配を受ける最初の条件は、神のひとり子イエス・キリストを信じ、受け入れることです。

聖書のことばです。「だれでもキリストのうちにあるなら、その人は新しく造られた者です」

（コリント人への手紙 第二 5章17節）

■神の国に入る人——ヨハネの福音書 3章4〜6節

イエス様は、宗教指導者だった高齢のニコデモに「神の国を見るためには、新しく生まれ変わらなくてはならない」と言われました。その続きのヨハネの福音書 3章4節から見ていきましょう。

ニコデモはイエス様がおっしゃった「新しく生まれなければ、神の国を見ることはできない」ということばがチンプンカンプンでした。そこで、次の質問をイエス様にぶつけました。

「人は年をとってから生《うま》れることが、どうしてできますか。もう一度、母の胎にはいって生れることができましょうか」（4節。以下口語訳）

とても無理ですよ、と言っているのです。それに対してイエス様は、こう答えられました。

「よくよくあなたに言っておく。だれでも、水と霊とから生れなければ、神の国にはいることはできない。肉から生れる者は肉であり、霊から生れる者は霊である」（5、6節）

イエス様は「新しく生まれる」第二の誕生を、「水と霊」によって生まれることだと言い換えています。私たちは水と霊をくぐり抜けて新しく生まれ変わるのです。そして、神の国に属する者となるのです。

ところで私たちは、この世に誕生するとき、母の胎から「水と血」の中をくぐり抜けて、この世に生まれてきました。同様に、神の国に生まれるためには、イエス・キリストの水と血を通して生まれるのです。ヨハネはこう言っています。

「このイエス・キリストは、水と血とをとおってこられたかたである。水によるだけではなく、水と血とによってこられたのである。そのあかしをするものは、御霊である。御霊は真理だからである」(ヨハネの手紙 第一 5章6節)

一人の兵士が槍で十字架上のイエスの脇腹を突き刺すと、すぐに血と水が流れ出たと、ヨハネは書き残していますね(ヨハネの福音書 19章34節)。イエス・キリストご自身の十字架から流された水と血は、私たちが新しく生まれ変わるための、聖霊様の働きだったのです。そう信じて、イエス様の十字架の水と血に、自分をゆだねることです。それが「水と霊から生まれる」ということです。その時、私たちは新しく神の国に生まれるのです。

私たちはみな、母親の苦しみと痛みによって、この世に生まれてきました。同様に私たちは、イエス・キリストの十字架の苦しみと痛み、そして死によって神の国に生まれるのです。

■風は思いのままに吹く――ヨハネの福音書 3章7、8節

風は山から吹き降ろし、また海から吹いてきます。風は山林を抜けて涼しさを運び、強風は音を立てて、よどんだ空気を運び去ります。風の働きと営みがなかったら、私たち生きとし生けるものたちはどうなるでしょうか。

イエス様は、私たちが新しく生まれ変わることができるのは、風が思いのままに吹くような神の聖霊の自由な働きによるのですと、ニコデモにお話しになりました。

ヨハネの福音書 3章7、8節を口語訳聖書でお読みします。

「あなたがたは新しく生れなければならないと、わたしが言ったからとて、不思議に思うには及ばない。風は思いのままに吹く。あなたはその音を聞くが、それがどこからきて、どこへ行くかは知らない。霊から生れる者もみな、それと同じである」（傍点筆者）

政治と宗教の指導者であったニコデモは、新しく生まれ変わる新しいいのちについてイエス様から聞きました。しかし信じられないで、不思議そうな顔をしているだけでした。それはニコデモにとって、理解を超えている世界だったからです。それは私たちにとっても同じことでしょう。

そこでイエス様は、この地上に起こる風の秩序と営みについて言及したのです。私たちは風の動きと働きは感じることができます。風は目に見えませんが、通り過ぎると音が聞こえます。葉が落ちたり、果物が落ちたり、木や建物が倒れたりします。しかし、その風がどこから来てどこへ行くか誰も知らないのです。風は自由で、その動きと働きは広範囲に及びます。

神の霊によって新しく生まれ変わることも、風の働きと同じです。神の霊の働きと動きは、私たちには隠れています。しかし、今も風のように自由に、しかも広い範囲で働いています。そして神の霊が通ったあとには、必ず結果が現れます。私たちの心と生活の中に現れるのです。

まず賛美の音《ね》が私たちの口を通して出てきます。神様をほめたたえる賛美です。それは汚《けが》れた思いが聖霊の風によって吹き飛ばされて、心がきよめられ、晴れやかになるからです。そして何よりもイエス・キリストの霊が、そのキリストのことばとともに、私たちの心に宿るからです。

私が初めてキリスト教の集会に参加した時、心に響いたのは、「いつくしみ深き」という賛美歌でした。私は、その詩を手帳に書き写して覚えたことを忘れません。

■人生の教師となる――ヨハネの福音書 3章9～12節

ニコデモは、政治と宗教の指導者でした。また、イスラエルの人々の教師でした。しかし、イエス様の「新しく生まれ変わる」話はチンプンカンプンでした。ですからニコデモは再度、イエス様に質問します。

「どうしてそんなことがありうるでしょうか」

自分の頭で理解できないことは排除してしまったようです。

イエスは答えられます。

「ニコデモ先生、あなたはイスラエルの教師なのに、そのことが分からないのですか」

ニコデモにとっては、自分の理性の外にある不可能なこと、神の霊によって新しく生まれ変わるなどということを受け入れないことは、良識に富んだ人物として当然と考えていました。

現代でも多くの人は、非科学的なことは信じようとしません。しかしイエス様は、風の働きの秩序と神の霊の働きは同じですと語りました。科学を信じる人が生命科学や自然科学の背後に働く見えない神の働きを信じることは、決しておかしいことではありません。

ですからイエス様は、続けてニコデモに言いました。

「よくよく言っておく。わたしたちは自分の知っていることを語り、また自分の見たことをあかししているのに、あなたがたはわたしたちのあかしを受けいれない。わたしが地上のことを語っているのに、あなたがたが信じないならば、天上のことを語った場合、どうしてそれを信じるだろうか」（11、12節、口語訳）

イエス様は、新しく生まれることを、この地上にある水や風の働きにたとえて語ってきました。昔から風や水は、天下を動かす力を持つものと考えられてきました。

聖書は、この世界は神のことばによって造られたものと語り、見えるものは見えないものから出てきたと教えています（ヘブル人への手紙11章3節参照）。

ですからイエス様は、この地上のことを語ることによって、天上のこと（神様の真理）を教えたかったのです。目に見える自然や、私たち人間について探求することは、目に見えない神様を知るためにも大切なことなのです。

聖書のことばです。

「天は神の栄光を語り告げ　大空は御手のわざを告げ知らせる」（詩篇19篇1節）

板倉邦雄（いたくら・くにお）

1946年、千葉県市原市に生まれる。現在、千葉県にある千葉みどり台教会牧師。ラジオ番組「世の光」メッセンジャー。分かりやすく、素朴な人柄を表すような語り口で、親しまれている。

堀 肇メッセージ

心の貧しい者に天の門が開かれるのです。なんと素晴らしい神の贈り物でしょうか。

■人からしてもらいたいことは

聖書の中に、人との関係をより良く生きていく上で最も重要度が高いと思われる、いわゆる名言と言ってよいことばがあります。それは「人からしてもらいたいことは何でも、あなたがたも同じように人にしなさい」（マタイの福音書 7章12節）ということばです。もしかしたら、どこかで聞いた方もいらっしゃるかもしれません。

ところでこのことばは昔から「黄金律」（ゴールデンルール）と言われてきたもので、様々な倫理的教訓、つまり人の道の最高峰とされてきた教えです。確かに読めば読むほど、個人倫理も社会倫理も根本的には、この一語に尽きると言ってもよいのではないかと思わされるのです。特《とく》筆大書《ひったいしょ》して壁にでも貼っておきたいような名言です。

この黄金律と言われる教えを前にして、ちょっと振り返ってみたいのは、私たちはこのような人の道とか人間関係のルールのようなことを幼いころから今に至るまで、どのように教えられ、またそれを生きてきたのだろうかということです。

振り返ってみますと、家庭でも社会でも、大体は「人の嫌がることはするな」とか「自分が嫌なことは人にもするな」というような躾《しつけ》や教育を受けてきたように思います。確かに、それが実行できたら立派なものだと思います。実際にはなかなか難しいのですが。

ユダヤ教の教師（ラビ）も「あなたがしてほしくないと思うことは、人にもしてはならない」と教えたといいます。これは古代ギリシャやローマ時代のストア派の哲学者たちの教えの中にも見られるものです。人との間に問題を起こさないためのなかなかの処世訓です。このような教えをシルバールールとも言うそうです。

ところがイエス・キリストの教えは、そうした考えをひっくり返すようなものでした。「してほしくないことはするな」ではなく「してほしいことをせよ」ということなのです。人との関係において消極的な態度から積極的な態度への転換を迫るものでした。

例えば「人から憎まれたくなかったら、憎まれることをするな」ではなく、反対に「人を愛するようにしなさい」ということなのです。これはとても難しいことかもしれませんが、不思議なことに、人を愛するようになると愛されるようになっていくのです。黄金律の実行は簡単ではないかもしれませんが、人生がそのような方向に向かい始めると、人間関係だけでなく、人生そのものが大きく変容していくのではないでしょうか。

■心の貧しい者の幸い

その人の生きてきた時代にもよりますが、多くの人がどこかで聞いたことがある、読んだことがあることばの一つに、「貧しき者は幸いなり」ということばがあります。正確に言えばマタイの福音書 5章3節の「心の貧しい者は幸いです。天の御国《みくに》はその人たちのものだからです」というイエス・キリストのことばですが、なぜか一部分だけが飛び出した形で知られているようです。

もしかしたらある年代の人たちにとっては、昔、はやった「名もなく貧しく美しく」という映画の題と一緒になっているのかもしれません。私の父などは、ふだん聖書を読んでいた人ではなかったのですが、なぜかお金がなくなると「貧しき者は幸いなり」などと冗談混じりに妙な言い逃れとも弁明とも思えるようなことを言って家族を苦笑させたものです。

ところで、この「心の貧しい者」とは一体どういう人のことを言うのでしょうか。世の中で「あの人は心の貧しい人だ」と言われる場合、それは人間性や人格のレベルが貧しいとか低いというような人物批評的な意味合いで使われることがありますが、そういう意味ではありません。

聖書がここで語る「心の貧しい者」とは、分かりやすく言いますと、自分の心に弱さや無力さを感じている人、生きていく上で自分には真に拠り頼むものが何一つない、つまり心が行き詰まっている人のことを言っているのです。こういう状態は物質的に恵まれていれば起こらないかというと、そうではありません。多くの人はお金や物があっても魂に飢え渇きを持っています。では、なぜイエス・キリストは心に弱さや無力さを感じている、つまり「心の貧しい者」が幸いであると言われるのでしょうか。ごく普通に考えるなら、それらは精神的に辛いことですから、幸福とは言えず不幸だと思うのではないでしょうか。

ここに逆説があります。それはその人の物の見方や心の態度にもよりますが、人はそうした状況に置かれますと、その弱さや無力さゆえに、神に拠り頼むようにもされていく可能性があるからです。ですから、拠り頼むものが何もないことを真に知った者は、幸いなのです。

イエス・キリストは幸福の理由を「天の御国はその人たちのものだからです」と言われました。これは神の恵みに支配されて生きることのできるゆえの幸いです。一般的に言えば、確かに心に拠り頼むべきものが何もなく無力になっているときは辛く、苦しく、また悲しい。しかし、その時こそ、心はイエス様が言われたように「天の御国」に向けられる幸いな時ともなり得るのです。心の貧しい者に天の門が開かれるのです。なんと素晴らしい神の贈り物でしょうか。

■疲れた人への招き

だいぶ前の話になりますが、あるキリスト教出版社の月刊誌の中で「あなたが教会に行き、信仰を求めるきっかけとなった聖書のことばはどのようなことばでしたか」というアンケートが採られたことがありました。その結果、第一位はイエス・キリストが語られた「すべて疲れた人、重荷を負っている人はわたしのもとに来なさい。わたしがあなたがたを休ませてあげます」（マタイの福音書 11章28節）ということばでした。

ところで、ここでイエス様が「疲れた人、重荷を負っている人はわたしのもとに来なさい」と言って招こうとしておられる相手とは、誰のことでしょうか。つまり、疲れている人とは誰なのでしょうか。

その一つは、当時神に喜ばれようとして一生懸命に律法、つまり旧約聖書の宗教上の規則を守ろうとしている人たちのことでした。その人たちの最初の動機は信仰深くあろうとする熱心さだったわけですから、悪いものではありませんでした。しかし、一生懸命にやればやるほど、それは難しく、多くの人たちは疲れ果ててしまい、信仰は形骸化《けいがいか》していったのです。イエス様はそのような人たちに「休ませてあげます」と言われたという背景があるのです。時代は異なれど、今もこのようにいわゆる宗教に疲れた人は多いのではないでしょうか。

しかし、このイエス様のおことばはそのような人たちに対してだけでなく、私たちすべての人に向けられたものです。宗教だけでなく、仕事や人間関係におけるストレスや疲れ、また親子や夫婦関係などの問題で疲れて精神的に行き詰まり、中にはうつ状態に陥っている人が現代ではますます多くなってきています。最近では長引くコロナ禍で「コロナうつ」と呼ばれる人たちも増えています。これは今日における深刻な課題と言ってよいでしょう。

さて、イエス様は多様な意味で人生に疲れ、重たい日々を送っている人たちに対して「わたしのもとに来なさい。わたしがあなたがたを休ませてあげます」と言って招いておられるとともに、その後に「そうすれば、たましいに安らぎを得ます」(29節)とも語られました。

私たちの周囲にはストレス解消のための方法や技法を紹介した本がたくさん出ています。テレビ番組などでもこのテーマが取り上げられることがあります。その中には役立つものもありますから、健全なものなら利用するのも良いでしょう。しかし、ここで付け加えたいことは、イエス様は私たちの心の最も深い領域である「たましい」に安らぎを与えると言っておられることです。それはなんという心の癒やし、また慰めでしょうか。

■パンだけで生きるのではなく

昔のことですが、書店で「世界の名言名句集」というようなタイトルの本を見つけ、買って読んでいましたら、「人はパンだけで生きるのではなく」(マタイの福音書 4章4節)ということばが出てきました。ところが、そのような名言集にたまにあることですが、掲載されているのはことばの前半部分だけで、後半の「神の口から出る一つ一つのことばで生きる」という部分が書かれていないのです。その時、いささか残念な気持ちがしたのを覚えています。

では、この、たとえ半分ではあっても一般の出版物にも出てくるほど有名な聖書のことばは、どういう意味なのでしょうか。それには、このことばが語られた背景を少し知っておくと理解しやすいかもしれません。それはこういうことです。イエス様は、公の生涯、つまり伝道生涯に入られる前に、悪魔が心に語りかけてきた誘惑とも言うべきことばに反論されました。その時に語られたのが、この「人はパンだけで生きるのではなく……」ということばなのです。有名な「荒野の誘惑」と言われる話です。

悪魔の語りかけを分かりやすく言い換えると、「お前がもし神の子なら、その力を発揮して、奇跡の一つでもやって見せ、石をパンに変えてみるがいい。そうすれば飢えた群衆も大喜びで、お前のもとに大勢集まってくるだろう」という誘惑とも挑戦とも言うべきものでした。確かに、人はパンに弱いものです。物質的に豊かになり、現世的なご利益があるなら神を信じてみようと考える人は多いのではないでしょうか。人間は昔から宗教というものにそれを期待してきたと言ってもよいと思います。

しかしイエス様は、そのような多くの人の期待に応える返事をされませんでした。石をパンに変えるという奇跡を行われなかったのです。何をしたかといいますと、「人はパンだけで生きるのではなく、神の口から出る一つ一つのことばで生きる」と言われました。もちろんパン、すなわち物質も必要です。しかし人間はそれだけで生きるのではない。その人間の心と魂を生かし支える神のことば、いわば心のパンが必要なのだと言われたのです。

生きていくためには金銭や物質も必要です。しかしそれらを真に生かしていくためにも、まず神の口から出ることばをいただく生活を求めていきたいと思うのです。少し大きな話になりますが、国家や社会が経済的に豊かになれば人は幸せになるかといえば、必ずしもそうではありません。豊かさを求めるあまり戦いが起こり、魂は枯渇していく人間世界の現実を目の当たりにしています。このことを考えると、まずいのちのパンである神のことばを求めてほしいと思うのです。

堀　肇（ほり・はじめ）

1944年。岐阜県に生まれる。牧師となり、現在、鶴瀬恵みキリスト教会牧師、聖学院大学総合研究所特別研究員、太平洋放送協会会長を務める。また聖学院大学大学院・ルーテル学院大学・NHK 学園等の講師を歴任。近著に『寄り添いの小みち』『谷陰を超えて歩む』などがある。「ライフ・ライン」にもたびたび出演。

村上宣道メッセージ

神は今日も明日も、いつも共にいて私たちを救い助け続けてくださり、これから先も、いつまでも私たちの神であり続けてくださるのです。

■真実を貫かれる神

あなたの大好きなことばは何でしょうか。私の大好きなことばの一つは「真実」ということばです。自分が何もできなくても、せめて真実でありたいなあという気持ちがいつもあります。

しかし自分を顧みると、真実さが乏しいと思います。ただ、その真実を求めていきたいという気持ちがいつもあるのと、自分がこの生涯を終えて神様の前に立つときに、もし「あれもできなかった。これもできなかった。でもお前は真実に生きてきたねえ」と言われたら、これが最高のお誉めのことばかなと思います。

真実を一つの目標にしているつもりです。でも自分自身を考えてみると、なんて裏表の多く、また心変わりする不真実な者かと思うことが多いのです。

けれども、聖書の中にこういうことばがあります。パウロという人がテモテに送った手紙に書いたことばです。

「私たちが真実でなくても、キリストは常に真実である。ご自分を否むことができないからである」（テモテへの手紙 第二 2章13節）

神様にもできないことがあるというのですね。それはご自身を否むこと。つまり、ご自分の真実を裏切ることができない、神にもできないというのです。ですから、神がご自分の真実を貫かなくなったらもう神でなくなってしまうというぐらい、神様というお方は真実なお方なのだということです。

それは、たとえ私たちが不真実で心変わりして、「ああ、もうだめだ」というような状態になったとしても、神様の側では心変わりしない。「愛する」と言ったらとことん愛するのだということです。

旧約聖書のエレミヤ書31章には「永遠の愛をもって、わたしはあなたを愛した。それゆえ、わたしはあなたに真実の愛を尽くし続けた」（3節）とあります。イスラエルは神様にさんざん背いてきたのですが、神の真実は変わらない。「絶えずあなたに真実を尽くしてきた」というのです。

私たちも真実でありたいとは思うのですが、自分でそれを裏切ってしまうようなところがあります。それでも神は変わらず真実を貫いてくださる。この神様を知っているということはすばらしいなと思います。

■永遠に変わらない神

私は太平洋戦争の最中は、小学生でした。私のクラスの先生は、天皇陛下の名前を出すときには直立不動で一生懸命に、「天皇陛下は神であらせられる。おそれ多くも」と始め、「我々日本国民は、この天皇陛下に忠義をもって仕え、そしていのちを殉ずることもむしろ光栄である」と言っていました。

戦争が終わったのが八月十五日、ちょうど夏休みの最中でしたが、休みが終わって新学期に学校へ行くと、その同じ先生が、「いやあ、天皇は神だと言っていたけれども、どうも違うらしい。やっぱり我々と同じ人間だ」と言いました。

アメリカや英国のことは鬼畜米英《きちくべいえい》という言い方をしていましたが、「どうもキリスト教の国で、悪くはないらしい」と、夏休み前と後とでまるで違うことを言いました。そんなに簡単に変わったことに、子どもながらに驚いたものでした。

考えてみると日本の宗教の中には、人間であったものが神になったり、神であったものが人間になったりすることがあるようです。

新約聖書のヘブル人への手紙13章に、「イエス・キリストは、昨日も今日も、とこしえに変わることがありません」(8節)ということばがあります。まことの神はいつも同じでなければおかしいですよね。

「昨日も今日も」とありますが、私たちがこの地上に存在する以前から、神は私たちにとって神であり、真実な方でありました。そして、それはこれからもずっとそうだということなのです。

神は今日も明日も、いつも共にいて私たちを救い、助け続けてくださり、これから先も、いつまでも私たちの神であり続けてくださるのです。

イエス・キリストを信じる者は、この地上の生涯を終えても、神と共に神の国に永遠に住むことになります。ですから、私たちは永遠に神と共にいるということになります。

昨日も今日もいつまでも変わらないお方として私たちと共におり続けてくださる神こそ、聖書の言うまことの神だということを、ぜひ知っていただきたいと思います。

■下手はなさらない神

ご都合主義ということばがありますね。人はほとんど自分に都合がいいように考え、自分の都合のいいようになることを望んで、相手も自分の都合に合わせてくれることを期待するものではないかと思いますが、こうした自分中心のご都合主義では、人間関係はなかなかうまくいかないだろうと思います。

時々、私たちの宗教心というものにも、神を自分の都合のいいように利用すると言いましょうか、自分の思い通りのことをしてくれたらその神は信じるに値するというような、御利益中心の信仰、自分中心の信仰といったものがあるようです。

聖書の中に「わたしの思いは、あなたがたの思いと異なり、あなたがたの道は、わたしの道と異なるからだ。――主のことば――天が地よりも高いように、わたしの道は、あなたがたの道よりも高く、わたしの思いは、あなたがたの思いよりも高い」(イザヤ書55章8、9節)とあります。

神の思いは私たち人間の思いにまさっている。これは当然ですね。でも、子どもが危険な刃物を持って遊ぼうとしたり、危険な場所に近寄ったりするとき、親がそれを止めると、子どもは親の気持ちが分かりませんので、泣き出したり、ふて腐れたりするわけで、私たちにもこれに似たところがあって、都合のいいようにいかないと神を恨むことがあるのではないかと思います。

聖書の中の有名なことばに、「神のご計画にしたがって召された人たちのためには、すべてのことがともに働いて益となることを、私たちは知っています」（ローマ人への手紙 8章28節）というものがあります。この「すべてのことが働いて益となる」というのは、神様が私たちの都合のいいように何でも事をうまく運んでくださる、という意味では必ずしもありません。

それは、神様の目からご覧になって、私たちにとって一番益になるようにしてくださるということなのです。ですから、私たちの信仰というのは、自分の都合をがむしゃらに通してもらうというのではありません。

神様は私たちを罪から救い、永遠のいのちを与えるためにご自分の大切な御子《みこ》さえ惜しまずに犠牲にしてくださいました。それほど私たちを愛している神が、私たちに下手なことをなさるはずがないのです。信仰とは、神様がいつも最善をしてくださるということを信頼して生きることです。言い換えるなら、神のご都合に従って生きることが一番幸いで間違いない生き方だと覚えながら歩んでいくことです。今日も、最善をしてくださる神様を信頼しながら生きていきたいと思います。

■近くにいてくださる神

私たちの生活の中で、神様というお方をどういうふうに意識して、どう理解しているかということはとても大切なことです。

よく、「あの人は私にとって神様みたいな遠い存在です」というような言い方を聞くことがあります。これは人のことを言っているわけですが、神様ご自身が遠い存在と考えられているということになります。神様を自分にとって身近なお方と理解することは、なかなか難しいことなのかなと思ったりします。

けれども旧約聖書の詩篇 46篇には「神は　われらの避け所　また力。苦しむとき　そこにある強き助け」（1節）と書いてあるんですね。これは文語訳の聖書ですと、「神はわれらの避所《さけどころ》また力なり。なやめるときの最《いと》ちかき助《たすけ》なり」とあります。助けてくださる神は近くにおられると書かれているのですね。

私たちが本当に悩み苦しむとき、今こそ神様がいてくださったらというその時、私たちの最も近い所にいて助けてくださるのがこの神なのだ、身近な神なのだということを、聖書は私たちに告げていると思います。

結婚したばかりの家庭に、大事なお客さんが来ることになりました。どういうふうなおもてなしをしたらいいか分らない妻は、お母さんに電話し、一生懸命に聞きました。お母さんは、「こういうふうにしたらどう？」「こういうお料理を作ったらどう？」といろいろなことを教えてくれて、妻は聞いたことをメモしました。

当日になってお客さんが見えました。心配していた本人は、なんとニコニコしながらおもてなししています。アレーッ？　ずいぶんニコニコしながらやっているじゃない？　と思ったら、ちゃんと後ろにお母さんがいたのです。準備をみんなやってくれていて、その上、見えないところで的確に指示を与えてくれていたのです。お母さんはすぐそばで、ちゃんと助けてくれていたのです。

神様は、このお母さんよりもっと頼りになるお方です。私たちの事情をご存じで、ここ一番の必要な時にはちゃんとそばにいて、最も必要なアドバイスをし、力を与えてくださるお方なのだ、そんなふうに神様を理解したいですね。

村上宣道（むらかみ・のぶみち）

1933年、牧師の家庭に生まれる。中学２年生の頃、神の存在に疑いを持ち反抗、虚しい青春時代を過ごす。高校３年生の夏、神の愛にとらえられて回心、伝道者の道を志す。現在、埼玉県にある坂戸キリスト教会協力牧師。元ラジオ番組「世の光」、テレビ番組「ライフ・ライン」メッセンジャー。著書に『門は開かれている』『そうすれば幸せはくる』などがある。

「世の光」「ライフ・ライン」バイブルメッセージ集

いのち輝かせて

2023年4月1日発行

企画・構成 一般財団法人 太平洋放送協会(PBA)

〒101-0062 東京都千代田区
神田駿河台2-1 OCCビル
電話 03-3295-4921
FAX 03-3233-2650
www.pba-net.com

印刷製本 モリモト印刷株式会社

発　行 いのちのことば社

〒164-0001 東京都中野区中野2-1-5
電話 03-5341-6923(編集)
03-5341-6920(営業)
FAX 03-5341-6932
e-mail:support@wlpm.or.jp
http://www.wlpm.or.jp/

ISBN978-4-264-04428-4

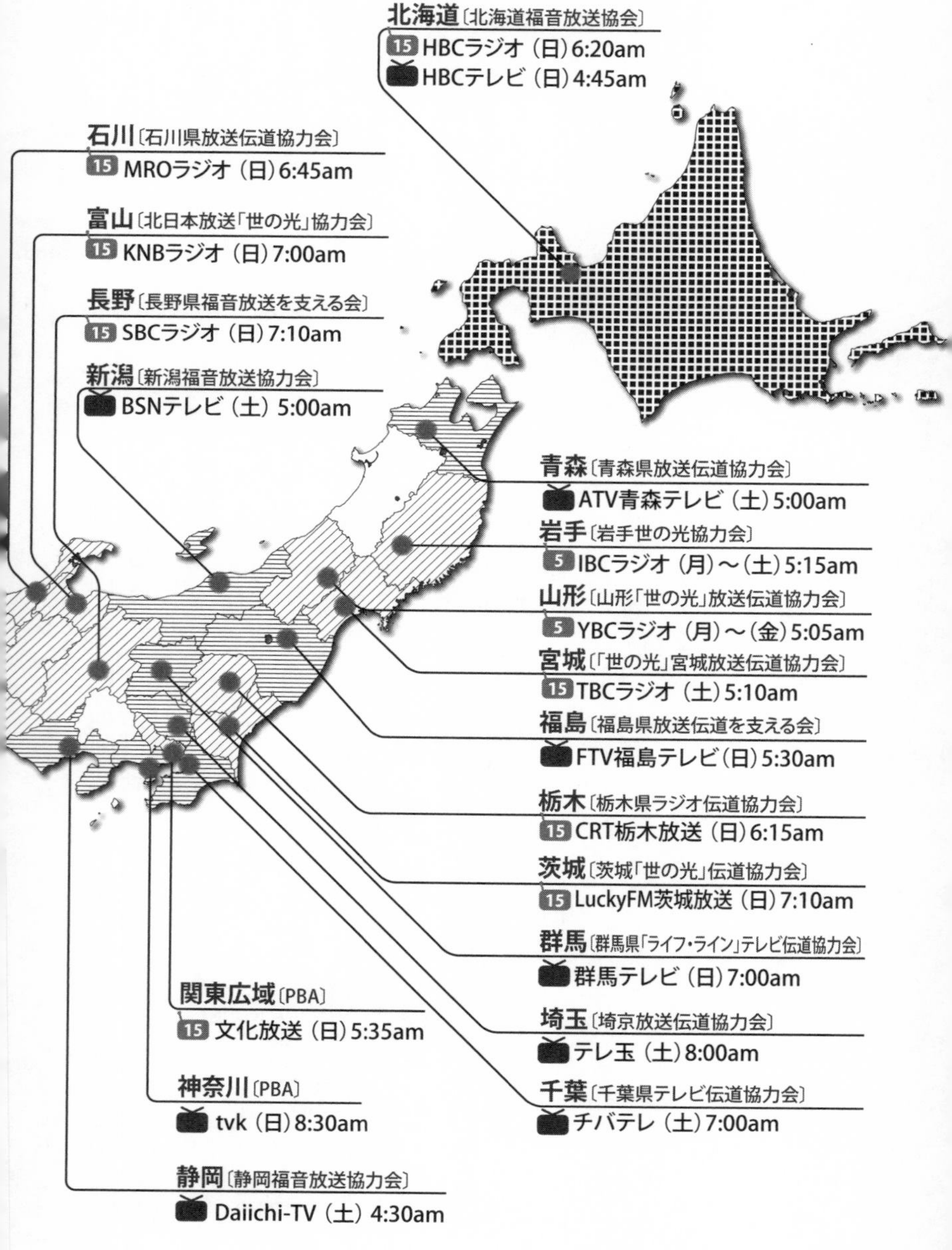

北海道〔北海道福音放送協会〕
15 HBCラジオ（日）6:20am
HBCテレビ（日）4:45am
石川〔石川県放送伝道協力会〕
15 MROラジオ（日）6:45am
富山〔北日本放送「世の光」協力会〕
15 KNBラジオ（日）7:00am
長野〔長野県福音放送を支える会〕
15 SBCラジオ（日）7:10am
新潟〔新潟福音放送協力会〕
BSNテレビ（土）5:00am
青森〔青森県放送伝道協力会〕
ATV青森テレビ（土）5:00am
岩手〔岩手世の光協力会〕
5 IBCラジオ（月）～（土）5:15am
山形〔山形「世の光」放送伝道協力会〕
5 YBCラジオ（月）～（金）5:05am
宮城〔「世の光」宮城放送伝道協力会〕
15 TBCラジオ（土）5:10am
福島〔福島県放送伝道を支える会〕
FTV福島テレビ（日）5:30am
栃木〔栃木県ラジオ伝道協力会〕
15 CRT栃木放送（日）6:15am
茨城〔茨城「世の光」伝道協力会〕
15 LuckyFM茨城放送（日）7:10am
群馬〔群馬県「ライフ・ライン」テレビ伝道協力会〕
群馬テレビ（日）7:00am
埼玉〔埼京放送伝道協力会〕
テレ玉（土）8:00am
千葉〔千葉県テレビ伝道協力会〕
チバテレ（土）7:00am
関東広域〔PBA〕
15 文化放送（日）5:35am
神奈川〔PBA〕
tvk（日）8:30am
静岡〔静岡福音放送協力会〕
Daiichi-TV（土）4:30am

全国の福音放送マップ

[斜線] ラジオ「世の光」シリーズ放送
[横線] テレビ「ライフ・ライン」放送
[格子] 両方放送
放送局が所在する県（放送エリアとは異なります）
[5] =ラジオ「世の光」（5分番組）
[15] =ラジオ「世の光いきいきタイム」（15分番組）
[TV] =テレビ「ライフ・ライン」（30分番組）

福井〔福井・放送伝道協力会〕
[5] FBCラジオ（月）〜（金）6:40am,（土）5:45am

滋賀〔ライフ・ライン支援滋賀事務局〕
[TV] BBCびわ湖放送（土）8:00am

京都〔京都ライフ・ライン協力会〕
[TV] KBS京都TV（土）6:30am

兵庫・大阪〔近畿福音放送伝道協力会〕
[TV] サンテレビ（日）7:00am

鳥取・島根〔「世の光」山陰協力会〕
[5] エフエム山陰（月）〜（金）6:15am

広島〔中国地方放送伝道協力会〕
[5] RCCラジオ（月）〜（土）5:05am

山口〔山口世の光を支える会〕
[5] KRYラジオ（月）〜（土）5:20am

長崎・佐賀・福岡〔西九州放送伝道協力会〕
[15] NBCラジオ（日）6:40am

熊本〔熊本ラジオ伝道協力会〕
[15] RKKラジオ（日）5:45am

宮崎〔宮崎世の光放送協力会〕
[5] MRTラジオ（月）〜（土）5:10am

愛媛〔愛媛ラジオ伝道協力会〕
[15] 南海放送ラジオ（日）7:05am

徳島〔四国福音放送伝道協力会〕
[5] 四国放送ラジオ（月）〜（金）5:15am,（土）6:00am
[15] 四国放送ラジオ（日）6:45am

中京広域〔東海福音放送協力会〕
[5] ぎふチャンラジオ（月）〜（土）6:10am
[5] 東海ラジオ（月）〜（土）5:40am
[15] 東海ラジオ（日）26:00（=(月)2:00am）

沖縄〔全沖縄世の光/ライフ・ライン放送協力会〕
[15] ROKラジオ沖縄（土）6:45am
[TV] OTV沖縄テレビ（土）5:30am